职业教育智慧康养系列新形态教材

健康养老
大数据应用

中德诺浩（北京）教育科技股份有限公司　组编

主编＼吕丕华

大连理工大学出版社

职业教育智慧康养系列新形态教材

健康养老大数据应用

中德诺浩（北京）教育科技股份有限公司　组编

主编\吕丕华

大连理工大学出版社

内容提要：

《健康养老大数据应用》包括4个情境、15个任务，工作情境分别为大数据居家养老、大数据社区养老、大数据机构养老、大数据养老综合应用。本教材主要介绍上门照护服务下单、接单及派单，老年人健康监测与评估、安全监护与预警干预、数据分析与改进方案制订，老年人健康数据采集、档案管理、健康风险综合评估与慢性病管理、数字化健康教育，老年人健康监管与照护、大数据亲情服务、营养评估与科学配餐、平台运行与健康数据分析，医养大数据共享与应用和数据平台管理与维护。

在每个情境之中，均包括若干任务。每个任务包括任务导入、任务目标、任务实施、检查评估等模块。每个任务均是一个相对独立的知识体系，涵盖了知识学习和操作技能。工作手册式的设置，使得本教材既便于学习，又便于实时查阅。

本教材适合于高等职业院校智慧健康养老服务与管理、老年健康、护理学等相关专业教学使用，也可作为培训参考书目；同时，可供基层养老服务机构、健康管理机构、健康体检中心等领域相关服务人员、技术人员在工作实践中参考使用。

图书在版编目(CIP)数据

健康养老大数据应用 / 吕丕华主编. -- 大连 : 大连理工大学出版社, 2024.8（2025.6重印）
ISBN 978-7-5685-4518-1

Ⅰ. ①健… Ⅱ. ①吕… Ⅲ. ①信养老—社会服务—中国—高等职业教育—教材 Ⅳ. ①D669.6

中国国家版本馆CIP数据核字(2023)第123322号

出 版 人 苏克治
策划编辑 赵 部　　**责任编辑** 夏圆圆
责任校对 初 蕾　　**封面设计** 方 茜

出版发行 大连理工大学出版社
地　　址 大连市软件园路80号　　**邮政编码** 116023
电　　话 0411-84707410　84708842（营销中心）　0411-84706041（邮购及零售）
邮　　箱 dutp@dutp.cn
网　　址 https://www.dutp.cn

印　　刷 大连天骄彩色印刷有限公司
幅面尺寸 185mm×260mm　　**印　　张** 15　　**字　　数** 364千字
版　　次 2024年8月第1版　　**印　　次** 2025年6月第2次印刷
书　　号 978-7-5685-4518-1　　**定　　价** 71.80元

本书如有印装质量问题，请与我社营销中心联系更换。

职业教育智慧康养系列新形态教材
专家指导委员会

本书编写组

主　编	吕丕华	中德诺浩(北京)教育科技股份有限公司
副主编	卢　伟	北京慧睿国际技术发展有限公司
	杨坤娜	沧州医学高等专科学校
参　编	董鹤天	珠海市横琴鼎尊互联科技有限公司
	潘勤春	广西工业职业技术学院
	张　帆	北京慧睿国际技术发展有限公司
	尹春华	南京爱普雷德电子科技有限公司

序　言

PREFACE

自我国进入老龄化社会以来，老年人口规模和比例总体呈上升趋势，人口老龄化进程加速发展，高龄化趋势日益凸显。2020年到2030年将是我国老年人口增长最快的阶段，预计2030年老年人口总量将接近4亿。人口老龄化是我国实现第二个一百年奋斗目标征程中的重要国情，走出积极应对人口老龄化的中国道路，艰巨性和复杂性前所未有。党的十八大以来，党和国家领导人作出一系列重要指示，规划部署国家老龄事业发展和养老体系建设。在党的二十大报告和《中华人民共和国国民经济和社会发展第十四个五年规划和2035年远景目标纲要》中都作出专门部署。

随着中共中央办公厅、国务院办公厅印发《关于推进基本养老服务体系建设的意见》以及《国务院办公厅关于发展银发经济增进老年人福祉的意见》(国办发〔2024〕1号)等一系列重要政策陆续出台，我国养老服务体系全面优化，围绕满足老年群体的多样化需求，各级党委、政府加快构建新发展格局，着力推动高质量发展，也有效推动了养老服务高质量发展，主要体现在以下四个方面：一是养老服务着力点更加明晰，养老服务工作重点逐步聚焦扩大养老服务供给、增强护理服务、加强监管、提高服务质量等方面；二是发展内容更加追求质量，养老服务的发展重点逐步从追求“床位增长”向“提高内涵”的发展阶段转变，聚焦满足老年人急难愁盼的养老问题和提升老年人的服务满意度；三是医养结合服务体系更加健全，长期护理保险制度成为缓解失能老年人家庭照料负担、推动养老服务产业发展的重要途径；四是数字技术运用更加广泛，伴随着互联网信息技术快速发展，养老服务更加强调与数字技术的融合发展，养老服务适应数字化转型。

近年来，我国养老服务从政策到实践都取得了长足进展，但仍然面临发展不平衡、不充分的巨大挑战，其中一个重要体现来自专业服务人才方面。《中共中央 国务院关于加强新时代老龄工作的意见》《“十四五”国家老龄事业发展和养老服务体系规划》等重大政策规划对加强养老服务人才队伍建设提出明确任务要求，民政部等12部门也联合印发了《关于加强养老服务人才队伍建设的意见》。挑战主要体现在以下几个方面：一是高技能人才缺乏，作为支撑老年人幸福晚年的重要力量，我国养老服务高素质专业人才队伍存在数量短缺、从业人员年龄偏大、年轻从业人员流失严重等问题；二是养老服务人员对新理念、新技术掌握有待提高，智慧养老等创新养老服务理念，物联网、大数据、人工智能等科技手段亟待行业从业者快速接受与掌握。此外，作为培养养老护理专业化人才的主要途径，当前各职业院校在养老护理专业群建设、优质教材与教学资源开发、教师团队建设等方面须补足短板，加快建设发展步伐以满足产业实际用人需求。

为满足国家战略下对高素质康养技能人才的迫切需求和职业院校高质量康养人才培养的需求，由沧州医学高等专科学校、滨州职业学院牵头，中德诺浩（北京）教育科技股份有限公司通过多元联动的创新机制，组建包括行、企/临床、校、研等在内的300余位专家的课程开发团队，编写这套“职业教育智慧康养系列新形态教材”，可谓正逢其时。

该系列教材从走出中国特色积极应对人口老龄化道路出发，聚焦国家养老服务体系建设，以产业发展为导向，以“对标国际职业技能标准，融合国家专业教学标准，对接企业岗位用人标准”为定位，在全面借鉴国际康养专业人才培养的理念、标准的基础上，融合教育部专业目录下相关专业的教学标准，对接国内相关有代表性、引导性企业的实际岗位的用人需求，提炼企业典型工作任务，将知识、技能、思政融为一体，以工作过程为导向、以典型任务为载体、以综合职业能力培养为目标，形成“岗课赛证”融通的新形态教材。我相信，这套教材的出版发行必将对提升我国养老服务职业教育人才培养水平、提高行业从业人员素质、推动养老服务专业知识普及、探索相关职业教育研究等方面发挥重要的作用。

风好正是扬帆时，奋楫逐浪天地宽。在党和国家的正确指引下，职教领域上下齐心协力，行业内外热情参与，我国养老服务职业教育人才培养正在向着高质量发展的目标迈步前进。真诚祝愿广大有志青年能够通过使用这套教材，充分领会最新养老服务理念，扎实掌握先进养老护理知识和技术技能，走进养老护理人才队伍，书写为老年人服务的工匠精神和大爱情怀，为我国老年人幸福生活贡献力量。

中国人民大学老年学研究所所长

中国老年学和老年医学学会副会长

民政部专家委员会委员

前　言

PREFACE

我国自1999年开始进入老龄化社会，近年来老龄化程度在逐年加深。“十四五”时期，60岁及以上老年人口总量将突破3亿，在总人口中占比将超过20%，进入中度老龄化阶段。2035年左右，60岁及以上老年人口将突破4亿，在总人口中的占比将超过30%，进入重度老龄化阶段。随着人口老龄化加剧，老年人的健康需求日益增加。为满足老年人的健康需求，需要加强老年人健康教育和健康管理，提高老年人的健康意识。

人才是健康养老产业发展的关键，养老服务专业人才队伍建设是我国养老服务体系的重要组成部分。但是，我国专业化、高素质养老服务人才缺口巨大，成为制约亿万老年人生命健康和幸福生活的重要因素，也是影响康养这一万亿级蓝海产业健康发展的关键短板。而高质量的教材匮乏，是导致人才培养不适应产业发展需要的重要原因之一。《国务院关于印发“十四五”国家老龄事业发展和养老服务体系规划的通知》(国发〔2021〕35号)指出，“加强养老服务领域职业教育教学资源建设，遴选一批优秀课程和教材，持续推动职业院校深化养老服务领域教师、教材、教法改革”。《中华人民共和国职业教育法》第二十一条提到“国家采取措施，加快培养托育、护理、康养、家政等方面技术技能人才”。这是国家通过立法，罕见针对某个领域的人才培养作出法律规定，说明这四类人才培养的重要性和紧迫性。

综上所述，为了弥补高质量康养人才短缺这个短板，为我国养老事业提供强有力的人才和技能支撑，我们编写了这本职业教育新形态一体化教材。

本教材主要具备以下特点：

1. 对标国际理念，打造范式创新

本教材主要借鉴国际先进的健康管理服务理念、极致人性化照护服务技能、智能辅具设备应用，结合当前国内健康管理服务格局，培养具备国际视野、适应未来健康管理新范式的创新人才。

2. 对接职教双标，“岗课赛证”融通

教材设计依据职业教育专业教学标准要求，以健康养老产业链老年照护岗位所需的“知识+技能+素养”为主导，以教育教学为中心，以职业院校健康管理等技能大赛项目为依托，通过“岗课赛证”融通，实现高质量人才培养目标。

3. 产教深度融合，创新教材形态

本教材由中德诺浩(北京)教育科技股份有限公司与北京慧睿国际技术发展有限公司等机构专家共同编写，融合了居家、社区、养老机构典型的大数据应用实践案例、创新教学模式

与方法、产业前沿知识与先进技术，采用工作手册式教材形式、图文并茂设计，配套多样化数字资源，有效激发学生学习兴趣和创新潜能。

4.坚持德育为先，德技并行兼修

本教材遵循职业教育的人才培养规律，坚持立德树人、德技并修。在内容编写中，坚持正确的政治方向和价值导向，落实课程思政要求，培育劳模精神、劳动精神、工匠精神和人文关怀的素养。

本教材由中德诺浩（北京）教育科技股份有限公司吕丕华任主编，北京慧睿国际技术发展有限公司卢伟、沧州医学高等专科学校杨坤娜任副主编，珠海市横琴鼎尊互联科技有限公司董鹤天、广西工业职业技术学院潘勤春、北京慧睿国际技术发展有限公司张帆、南京爱普雷德电子科技有限公司尹春华参与编写。中德诺浩教材研发工作领导小组组织编写。整本教材编写框架由主编设计。任务一到任务三由董鹤天编写，任务四到任务五由潘勤春编写，任务六到任务七由卢伟编写，任务八到任务九由张帆编写，任务十到任务十五由吕丕华和尹春华共同编写。杨坤娜负责提供案例和后期统稿。

本教材可作为职业院校智慧健康养老服务与管理专业教材，也可作为相关专业核心课教材和拓展类教材使用，同时还可供从事养老服务、管理、培训的技术人员学习和参考。

尽管我们在教材特色的建设方面做出了许多努力，但是由于编写团队水平有限，教材中仍可能存在一些疏漏和不妥之处，恳请各教学单位和读者在使用本教材时多提宝贵意见，以便我们不断完善。同时也期望更多优秀的从业者加入健康管理服务职业人才培养事业，为我国培养“厚人文、精技能、通智能、强体能”并具有高度社会责任感的健康管理职业领域创新性专业人才。

教材编写组

目　录

CONTENTS

情境一　大数据居家养老

任务一　上门照护服务下单协助 …… 3
任务二　照护服务接单及派单 …… 20
任务三　居家老年人健康监测与评估 …… 34
任务四　居家老年人安全监护与预警干预 …… 53
任务五　居家养老服务数据分析与改进方案制订 …… 73

情境二　大数据社区养老

任务六　移动随访与健康数据采集 …… 95
任务七　老年人健康档案管理 …… 114
任务八　健康风险综合评估与慢性病管理 …… 128
任务九　老年人数字化健康教育 …… 141

情境三　大数据机构养老

任务十　老年人健康监管与照护 …… 151
任务十一　大数据亲情服务 …… 169
任务十二　老年人营养评估与科学配餐 …… 183
任务十三　平台运行与健康数据分析 …… 198

情境四　大数据养老综合应用

任务十四　老年人医养大数据共享与应用 …… 212
任务十五　数据平台管理与维护 …… 222

情境一
大数据居家养老

情境介绍

本情境包括上门照护服务下单协助、照护服务接单及派单、居家老年人健康监测与评估、居家老年人安全监护与预警干预和居家养老服务数据分析与改进方案制订五项任务。

上门照护服务下单协助任务涵盖了居家健康养老大数据认知、手机App照护服务下单、手机App照护服务评价等知识；照护服务接单及派单任务涵盖了居家养老服务平台的使用方法、服务项目、服务标准、服务接单流程和服务派单等知识；居家老年人健康监测与评估任务涵盖了居家智能终端设备采集健康数据、老年人生理健康指标标准及监测方法、老年人健康评估报告编写等知识；居家老年人安全监护与预警干预任务涵盖了居家智能监控设备的种类、原理、功能、使用方法、数据采集的要点和步骤、老年人安全预警干预方案制订等知识；居家养老服务数据分析与改进方案制订任务涵盖了数据可视化目的、步骤、居家养老服务质量考核标准及居家养老服务改进方案制订等知识。

情境目标

- 能够根据手机App的操作要求，指导老年人完成照护服务下单及服务评价。
- 能够根据居家养老服务平台的使用方法，完成照护服务接单。
- 能够使用居家养老服务平台，完成照护服务派单。
- 能够根据居家智能终端设备使用方法及原理，完成居家老年人健康数据采集。
- 能够根据老年人生理健康指标，判断健康监测数据是否正常并完成评估报告。
- 能够根据居家智能监控设备的使用方法及原理，完成居家老年人安全数据采集。
- 能够使用居家养老服务平台安全监测数据，完成老年人安全预警干预。
- 能够根据大数据处理的基本知识，完成平台大数据处理、可视化表达、数据统计分析。
- 能够根据服务数据分析结果，制订服务改进方案。

任务一　上门照护服务下单协助

任务二　照护服务接单及派单

任务三　居家老年人健康监测与评估

任务四　居家老年人安全监护与预警干预

任务五　居家养老服务数据分析与改进方案制订

任务一 上门照护服务下单协助

教学资源

任务导入

场景：某社区

人物：杨奶奶、照护人员小杜

情节：居家老人杨奶奶，79岁，身高161 cm，体重65 kg。慢性病史：痛风3年，空腹血糖7.7 mmol/L，高血压15年。杨奶奶的生活需要协助照护，如果你是照护人员小杜，将如何对杨奶奶进行上门照护服务管理？

任务目标

- 能够根据手机App的操作要求，指导老年人使用手机App完成照护服务下单。
- 能够根据手机App的服务评价功能的操作方法，指导老年人完成照护服务评价。

任务实施

(一)健康养老大数据认知

知识学习

中国老年人口的规模正在迅速增长。2018年，中国60岁及以上的人口有2.5亿，2050年将达到5.2亿。2020年到2030年，以60~79岁的低龄老年人口增长为主，2030年到2050年，80岁及以上的高龄老年人口将迅速增长。国务院发展研究中心社会发展研究部日前发布了《健康老龄化：政策与产业双轮驱动》研究报告。报告从老龄化压力及老年人医养需求，面对严峻的老龄化形势我们需要做什么，以及科技进步及老龄化产业发展对未来养老事业的影响等方面进行了深入调研和分析。

近年来，我国社会老龄化步伐明显加快，老年人口需求格局发生明显变化，中国当前正处于布局健康养老产业的黄金时代，满足老年人健康养老服务需求，已经成为人们的共同愿景。“老有所养”是人类社会共同追求的目标之一，养老保障政策如何配套，作为健康养老产业主要载体的养老机构和居家养老模式能否满足老年人需求，如何实现可持续发展等问题都是需要着手解决的。

目前我国老年人主要有四种养老方式，第一种是居家养老，老年人在家中居住，靠社会养老金度日，这种形式目前最为普遍。这种方式中子女等亲属照顾不到位的情况也十分普遍。第二种是机构养老，包括公立养老院、私立养老院、康复医院、福利院等机构。目前养老服务人才的紧缺，尤其是专业的一线护理员及管理者的缺失，已然成为众多养老机构经营者经营之痛。第三种是社区养老，例如在社区中建立老年服务中心、日间照料服务中心等，平时老年人在家居住，有需要时老年人可前往服务中心用餐、参与活动等，紧急情况下可以在家打电话呼叫社区服务，但依然存在很多隐患，比如资源重复建设、缺乏对志愿者的管理、食品安全问题等。第四种方式是养老地产，最典型的就是持有型老年公寓，这种方式本质上属于高端机构养老范畴，最大的问题是盈利困难。

健康养老是面向居家老年人、社区及养老机构的老年人，利用现代化信息通信等科学技术，围绕生活起居、医疗健康、生活保障、文化娱乐等方面为老年人的生活服务和管理提供支持。

大数据的应用影响人们生活的方方面面。将大数据运用到养老服务中，可以缓解目前资源紧张的情况，通过数据化、物联化、智能化手段搭建智能平台，使有限的公共服务资源得到最合理的配置，在提升养老服务科技含量的同时彻底改变管理模式，有效地提高养老服务的效率和质量。那么大数据是如何助力智慧养老的呢？

大数据可以支持信息收集，实现实时分析处理，提高健康养老动态的准确性和及时性。大数据的应用意味着老年人的信息能够被全面系统地采集和汇总，实现实时取用、实时跟踪和实时监测，解决了信息不对称的问题。通过大数据平台的分析处理能够形成老年人信息库，能够在服务供给端和需求端时，实现良性沟通，为老年人提供更加精准、及时的服务，也能为供给端提供精细的订单分配。

大数据能够促进多方资源整合。大数据与健康养老融合之后，一方面可以掌握老年人的精准信息，另一方面可以吸引新媒体、新渠道等各类平台加入，给老年人提供居家、生活等各个方面的服务，老年人还可以通过这些平台找到感兴趣的组织和社群，找到新的存在感，不仅生活服务更加便捷，也能够得到心理和精神慰藉。

大数据技术能够让监督更加有效，保障养老服务质量。大数据能使各个服务环节更加开放透明，接入老年人家庭的客户端能够让老年人在被服务过程中第一时间反馈服务感受和做出服务评价，从而更好地促进服务改善。老年人的信息透明，服务人员的相关信息也是透明和公开的，双方信息的透明可以让信息更加对称，约束双方的行为。

庞大的老年群体和紧缺的从业人员是当前养老行业的痛点，养老产业的升级急不可待。将大数据与健康养老相结合，推出智慧全域养老综合平台，借助专业软件建立高效互动的养老服务体系管理系统，创新养老服务体系化管理模式，努力提升养老服务体系建设及管理水平。如“××互联智慧康养”医疗照护功能通过“互联网+物联网”监测老年人的居家环境、生命体征、行动轨迹等，及时发现险情并处理；老年人遇到问题需要援助，可拨打医护养老服务热线进行求助，呼叫中心会将求助需求转至康养中心，医护人员将及时上门援助。为老年人提供“一键式”、“一站式”和“智能化”的服务，老年人足不出户就可以享受到各类居家养老服务。

运用“互联网+”技术，将便捷的服务延伸到每一位老年人身边，智慧养老让老年人能切身感受到现代生活的变化，增强晚年的满足感和成就感。如今，健康养老产业的板块已初见端倪，产业链条逐步明晰，居家健康养老必须大力度推进。彻底解决老年人的后顾之忧，这才是中国养老的应有姿势！

（二）照护服务App下载

微课　长者下单服务
移动手机端App下载

1.知识学习

（1）客户群体划分

根据老年人的身体状况，可以将老年人分为失能型老年人、半失能型老年人、失智型老年人和自理型老年人。不同身体状况的老年人的养老需求是完全不一样的。不同城市及辐射区域中老年人的数量结构，对养老项目的服务产品、建筑设计和营销渠道有很大的影响。另外，从更加微观的角度来看，我们其实也可以按照老年病类型来进行客群细分。比如说，常住老年人群中，患有一种老年病的老年人有多少？同时患有两种老年病的老年人有多少？三种以上的呢？再比如说，按照患病类型来看，患糖尿病的老年人有多少？患心脑血管疾病的老年人有多少？将当地老年人的身体状况按照不同维度来划分，做到细分再细分。

（2）老年人的生理特点

1）身体机能下降：随着年龄增长，个体的身体机能逐渐下降，包括肌肉质量降低、骨密度下降、免疫系统功能减弱等。

2）慢性疾病患病风险增加：老年人更容易患上慢性疾病，如高血压、糖尿病、心脏病等。

3）运动能力减弱：肌肉力量和灵活性降低，导致运动能力下降。

4）感官减退：视力、听力、嗅觉等感官可能逐渐减退，影响日常生活和交流。

5)代谢减缓:新陈代谢逐渐减缓,导致体重增加。

6)药物代谢变化:药物代谢能力下降,影响药物的疗效。

(3)老年人的心理特点

1)情绪变化:老年人可能经历情绪变化,包括焦虑、抑郁、孤独等情绪问题。

2)记忆力减退:记忆力可能有所下降,尤其是工作记忆和短期记忆。

3)认知功能变化:注意力、反应速度、思维灵活性等可能有所下降。

4)生活满意度:老年人在退休后可能感到生活没有明确目标,影响生活满意度。

5)社交变化:社交圈子可能减小,面临社交孤立的风险。

6)心理应对能力:老年人可能具有应对压力和逆境的经验和智慧。

7)自我认知:随着年龄的增长,老年人可能更加关注自己的生命意义和人生价值。

(4)老年人的需求

1)老年人的生理功能变化

随着年龄增长,老年人会发生一系列复杂的功能退化,导致全身各系统的功能逐渐下降。据统计,60岁以上的老年人有74%患有慢性病,其中患有一种及以上慢性病且对日常生活有影响的老年人占老年人总数的66.8%,生活不能自理的老年人占21.5%,完全不能自理的老年人占2%~5%。

2)独居老年人的现状

由于工作变动、人口流动和迁移加速,促使大家庭向小家庭转变,独居老年人作为老年人中的“弱势”群体,其数量和比例正呈快速上升态势。独居老年人由于丧偶、生病等原因,容易产生情绪低落、焦躁、孤僻、抑郁等心理问题,严重的甚至会患上老年精神障碍、阿尔茨海默病等心理疾病,严重影响了老年人的晚年生活质量。据统计数据表明,目前,在老龄化程度最高的上海市,60岁以上的老年人已占总人口的20.2%,其中独居老年人占老年人总数的40%以上。因此,如何保证独居老年人的安全,提高独居老年人的健康水平,已成为一个亟待解决的社会问题。

(5)照护服务App的下载方法

1)操作准备

App下载前的准备见表1-1-1。

表1-1-1 App下载前的准备

准备项目	准备内容
选择合适的设备	确保老年人使用的设备是可以下载并能运行App的。通常智能手机和平板电脑都可以满足这个需求
连接互联网	确保设备可以连接互联网,通常需要连接Wi-Fi网络或移动数据,如果老年人不了解如何连接,请家人或照护人员提供帮助

续表

准备项目	准备内容
教育和培训	在帮助老年人下载App之前，可以先提供一些关于使用智能手机的基础教育和培训，包括如何解锁手机、打开应用商店等基本操作
设置账户	帮助老年人设置一个应用商店账户，确保老年人能够记住账户名和密码
操作手册	准备详细的操作手册，向老年人介绍需要了解的全部流程

2)操作步骤

App下载的操作步骤见表1-1-2。

表1-1-2　App下载的操作步骤

操作步骤	具体内容
打开应用商店	根据使用的手机的操作系统，打开相应的应用商店
搜索App	在应用商店中，使用搜索功能，输入想要下载的App的名称。例如，可以输入“智慧康养”“居家照护”“老年健康”等关键词进行搜索
选择合适的App	在搜索结果中，找到要下载的App，点击进入App详情页面
下载安装	在App详情页面，找到“下载”或“安装”按钮。点击该按钮，App将开始下载并安装到手机上
权限授权	在下载过程中，App可能会要求授权一些必要的权限，例如访问位置、相机、麦克风等。请根据需求和信任程度进行授权
等待安装	下载完成后，手机会自动进行安装。可以在手机屏幕上看到App的图标
打开App	安装完成后，点击App的图标即可打开App

温馨提示

○确保从正规的应用商店下载App，避免下载到恶意软件或病毒。另外，根据所在的地区和国家，可能会有不同的居家照护App可供选择。在选择App时，可以查看用户评价、评论和开发者信息，以确保选择一个安全可靠的App。

○可以在手机应用商店查找App，也可以在搜索引擎中搜索该App的官方网站或下载链接，然后按照官方指导进行下载和安装。

2.技能操作

(1)操作准备

指导老年人用手机下载App前，需要做好必要的准备，见表1-1-3。

表1-1-3 指导老年人下载App前的准备

准备项目	具体要求
环境准备	□具有Wi-Fi网络或移动数据 □室内温度为20~28 ℃ □相对湿度≤80% □光线柔和 □清洁卫生
照护人员准备	□按礼仪要求穿戴整齐，仪表端庄
用物准备	□智能手机

(2)操作过程

1)信息收集

先与老年人沟通，收集老年人的信息，见表1-1-4。

表1-1-4 老年人信息登记表

姓名		性别		出生日期	
身份证号			本人电话		
家属姓名			家属电话		
常住类型	1户籍□ 2非户籍 □		民族	1汉族□ 2少数民族 □	
血型	1 A型□ 2 B型□ 3 O型□ 4 AB型□ 5不详□ RH阴性：1否□ 2是□ 3不详□				
文化程度	1文盲及半文盲□ 2小学□ 3初中□ 4高中/技校/中专□ 5大学专科及以上□ 6不详□				
婚姻状况	1未婚□ 2已婚□ 3丧偶□ 4离婚□ 5未说明的婚姻状况□				
健康状况					

2)操作实施

采用角色扮演法，两人一组，一人扮演老年人，另一人扮演照护人员，依次轮流交替进行任务实施，并将具体内容填写在表1-1-5中。

表 1-1-5　指导老年人下载App操作记录表

操作步骤	具体内容
打开应用商店	
搜索 App	□智慧康养　□居家照护　□老年健康
选择合适的 App	
下载安装	
权限授权	□访问位置　□相机　□麦克风
等待安装	
打开应用	

（三）照护服务下单

1. 知识学习

居家养老照护服务指家庭成员或照护人员对居家老年人进行生活照料、康复护理等服务，以及养老机构或其他社会主体（企业、社会组织等）向居家老年人提供的上门服务，如生活护理、助餐、助浴、助洁、洗涤、助行、代办、康复辅助、谈心、助医服务等，不包括社区上门服务。

（1）照护服务的类别及内容

照护服务的类别及内容见表 1-1-6。

表 1-1-6　照护服务的类别及内容

类别	服务内容
生活护理服务	1. 个人卫生护理：包括洗发、梳头、口腔清洁、洗脸、剃胡须、修剪指甲、洗手洗脚、沐浴等项目 2. 生活起居护理：包括协助进食、协助如厕、协助移动、更换衣物、卧位护理等项目
助餐服务	1. 集中用餐：指老年人到居家养老服务站或社区食堂集中就餐 2. 上门送餐：指由居家养老服务站或供餐单位派遣专人使用具有统一标识的送餐运输工具将膳食送至老年人家中
助浴服务	1. 上门助浴：指由服务人员上门协助老年人沐浴 2. 外出助浴：指选择具有相应资质的公共洗浴场所协助老年人沐浴
助洁服务	1. 家庭保洁：指服务人员上门为老年人提供家庭清洁服务 2. 物品清洁：指服务人员上门为老年人提供物品清洁服务
洗涤服务	1. 集中送洗：指选择具有资质的专业洗涤机构为老年人提供衣物清洗服务 2. 上门清洗：指由服务人员上门为老年人清洗衣物

续表

类别	服务内容
助行服务	1.陪同散步：指由服务人员陪同老年人在住宅附近的周边区域散步 2.陪同外出：指由服务人员陪同老年人就近购物、探访等
代办服务	1.代购物品：指由服务人员代替老年人采购日常生活用品 2.代领物品：指由服务人员代替老年人领取养老金、邮局包裹等 3.代缴费用：指由服务人员代替老年人缴纳公共事业费用
康复辅助服务	1.群体康复：指借助公共服务场地设施，组织和指导3位及以上老年人群体开展肢体功能性康复训练 2.个体康复：指由专业康复治疗师上门为有康复需求的老年人提供被动运动、辅助运动的肢体功能性康复训练
谈心服务	1.谈心交流：指服务人员采取倾听、对话的方式，帮助老年人舒缓心情，排遣孤独感 2.读书读报：指服务人员采取读书读报(网络查阅)的方式，帮助老年人了解时事，激发兴趣，促进身心健康
助医服务	1.陪同就诊：指由服务人员陪同老年人到医院取预约号、就诊、取药、缴费等 2.代为配药：指服务人员到医疗机构或药房为老年人代配药物

(2)照护服务的收费标准

各地区、不同服务公司的照护服务的收费标准各有不同，具体见表1-1-7。

表1-1-7 照护服务的收费标准(以某地/某公司日常生活照料服务为例)

服务项目	服务内容		服务工时	服务价格
助餐	早餐	可选粥、豆浆、麦片、包子、面条、馒头、面包、鸡蛋、咸菜、豆腐乳	–	5元/餐
	午餐/晚餐	一荤一半荤一素+米饭	–	10元/餐
		一荤一半荤两素+米饭	–	12元/餐
		一荤两半荤一素+米饭	–	15元/餐
协助做餐	提前准备好菜品		按实	30元/h
衣物清洗	–		按实	30元/h
日常保洁	–		按实	30元/h

(3)照护服务的流程

照护服务的流程如图1-1-1所示。

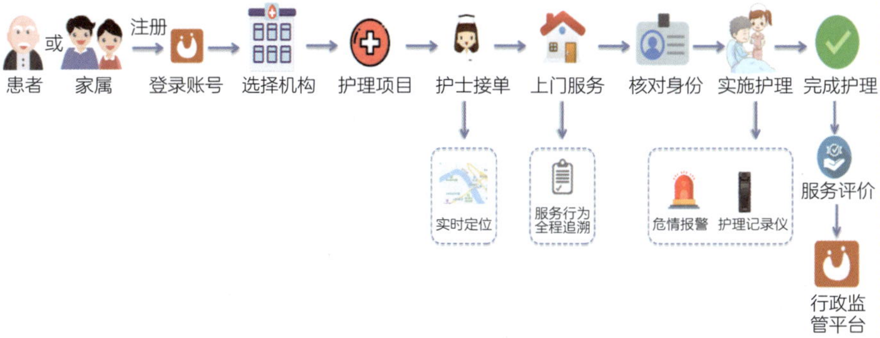

图1-1-1 照护服务的流程

(4)照护服务下单的操作准备及操作过程

1)操作准备

照护服务下单前的准备见表1-1-8。

表1-1-8 照护服务下单前的准备

准备项目	具体内容
选择合适的设备	确保老年人使用的设备是可以下载并能运行App的。通常智能手机和平板电脑都可以满足这个需求
连接互联网	确保设备可以连接互联网,通常需要连接Wi-Fi网络或移动数据,如果老年人不了解如何连接,请家人或照护人员提供帮助
教育和培训	在帮助老年人下载App之前,可以先提供一些关于使用智能手机的基础教育和培训,包括如何解锁手机、打开应用商店等基本操作
设置账户	帮助老年人设置一个应用商店账户,确保老年人能够记住账户名和密码
操作手册	准备详细的操作手册,向老年人介绍需要了解的全部流程

2)操作过程

照护服务下单的操作步骤见表1-1-9。

表1-1-9 照护服务下单的操作步骤

操作步骤	具体内容	备注
注册/登录	打开App并登录账户,第一次使用该App,需要先注册一个账户	
填写用户信息	填写基本信息,如姓名、联系方式、居住地址及需要的照护服务类型和时间;填写特殊信息,如添加可选的"紧急联系人"字段,以便在紧急情况下联系其他人	

续表

操作步骤	具体内容	备注
浏览服务	浏览App上提供的不同照护服务，可能包括医疗咨询、护理服务、健康监测等，选择需要的服务	
选择服务项目	在选择的服务中，可能会有不同的服务项目，如预约医生、购买药品、安排护理人员等。选择需要的具体服务项目，如医疗护理下再细分为药物管理、伤口换药等，以满足不同的需求	
选择时间和地点	选择预约的时间和地点，如果是线上服务，选择合适的时间；如果是线下服务，选择希望接受服务的时间和地点	提供更灵活的预约选项，例如提供上午、下午和晚上的时间段供选择；考虑添加日历视图，让用户可以更直观地选择日期
费用明细	在费用明细中解释不同服务项目的费用构成	帮助用户更好地了解价格
特殊需求和备注	扩展备注字段，让用户可以详细描述照护对象的特殊需求、喜好和日常习惯，以便照护人员更好地了解照护对象	
添加到购物车/预约清单	将选择的服务项目添加到购物车或预约清单中	
确认订单	在购物车或预约清单中查看订单，确认订单的细节，包括服务内容、时间、地点等	添加短信或电子邮件提醒，以确保用户不会错过已确认的预约
选择支付方式	选择希望使用的支付方式，如信用卡支付、支付宝支付、微信支付等	
支付订单	点击确认完成支付流程	
退款政策	在下单页面或确认页面上，明确阐述有关取消订单和退款的政策，以及如何进行退款申请	
隐私安全	强调说明用户的个人信息将会受到保护，确保其隐私安全	
联系方式	提供客服联系方式，以便用户在下单遇到问题时获得支持和帮助	

续表

操作步骤	具体内容	备注
订单查询/追踪	在账户中提供订单历史记录查询和订单追踪功能，方便用户随时查看和管理订单	
多语言支持	涵盖多种语言背景，多语言支持，以确保更广泛的用户群体可以使用该功能	

2. 技能操作

(1) 操作准备

指导老年人进行照护服务下单前，需要做好必要的准备，见表1-1-10。

表1-1-10 指导老年人进行照护服务下单前的准备

准备项目	具体要求
环境准备	□具有Wi-Fi网络或移动数据 □室内温度为20~28 ℃ □相对湿度≤80% □光线柔和 □清洁卫生
照护人员准备	□按礼仪要求穿戴整齐，仪表端庄
用物准备	□智能手机

(2) 操作过程

采用角色扮演法，两人一组，一人扮演老年人，另一人扮演照护人员，依次轮流交替进行任务实施，并将具体内容填写在表1-1-11中。

表1-1-11 照护服务下单操作记录表

操作步骤	具体内容
注册/登录	□注册 □登录
填写用户信息	□基本信息 □特殊信息
浏览服务	□医疗咨询 □护理服务 □健康监测
选择服务项目	□预约医生 □购买药品 □安排护理人员
选择时间和地点	□线上服务 □线下服务（地点：______） □上午 □下午 □晚上
费用明细	□服务项目费用构成
特殊需求和备注	□特殊需求 □喜好 □日常习惯
添加到购物车/预约清单	□购物车 □预约清单
确认订单	□确认 □取消

续表

操作步骤	具体内容
选择支付方式	□信用卡支付 □支付宝支付 □微信支付
支付订单	□确认 □取消
退款政策	□确认
隐私安全	□确保隐私安全
联系方式	□提供客服联系方式
订单查询/追踪	□查看 □管理
多语言支持	□多语言支持

(四)照护服务评价

1.知识学习

(1)照护服务评价的目的及意义

1)了解服务对象对健康问题的反应

照护服务的主要功能是帮助服务对象处理健康问题。照护人员通过照护评价,可以了解服务对象目前的健康状态,以及生理、心理和行为表现是否朝有利于健康的方向发展。

2)验证照护效果

通过照护评价,可以了解采取各项照护措施后,是否解决服务对象的健康问题,是否达到预期目标。

3)调控照护质量

照护人员通过自我评价、照护对象的评价,不断改进照护服务内容和方法,提高照护质量。

4)积累照护经验

照护评价可以了解照护诊断是否正确,照护措施执行情况及各种照护措施的优缺点等,照护人员可通过照护评价的记录,积累照护经验,为研究和发展照护理论提供资料。

(2)照护服务评价的原则

①提供具体和客观的信息。

②使用明确的照护评分标准。

③描述需求和期望。

④强调优点和改进点。

⑤提供建议。

⑥不分享任何敏感的个人信息或识别信息。

⑦使用友好和建设性的语言。

⑧及时评价。

⑨公平评价。

⑩倾听反馈。

⑪遵循平台规则。

(3)照护服务评价的整体流程

1)说明评价目的

照护服务机构主要考核人说明服务评价的目的。

2)照护人员报告老年人情况

照护人员重点说明老年人现存照护诊断/问题、照护计划、采取的照护措施及达到的照护效果。

3)照护体检

主要考核人根据照护人员评价报告和照护记录情况询问老年人并进行照护体检 。

4)评价与指导

主要考核人依据获取的资料,如老年人照护服务诊断/问题、照护计划落实情况等组织照护人员进行讨论 ,做出评价。

(4)照护服务评价的反馈形式

①照护机构应成立质量管理委员会、质量控制小组,负责全面督导、检查。

②制定各项照护质量控制标准,定期组织检查,发现问题及时反馈,持续质量改进。

③质量管理委员会成员定期召开会议,总结质量检查中存在的问题,分析原因,提出改进措施并反馈给全体照护人员。

④照护机构每月组织照护质量督查一次,质量控制小组每月检查两次。

⑤质量控制小组应及时发现工作中存在的问题与不足,对出现的质量问题进行分析,提出整改措施,并及时反馈。

⑥照护质量督查结果以书面形式反馈给照护人员,照护人员根据存在的问题和反馈意见进行整改,并向照护机构汇报改进结果,以达到持续改进的目的。

(5)照护服务评价的内容解析

1)照护人员的质量评价

①综合评价:指用几方面的标准综合起来进行评价,凡与照护人员工作结果有关的活动都可结合在内。

②基本素质评价:从政治素质、职业素质、业务素质三个方面综合评定基本素质。从平时医德表现及业务行为评定政治素质及职业素质;从技术考核、理论测试等项目评定业务素质。

③行为过程评价:主要是对照护服务的过程进行评价。考核照护人员在照护全过程的各个环节是否体现以老年人为中心的思想,是否贯彻用户至上的服务宗旨。

④行为结果评价：行为结果评价是对照护服务结果的评价，评价内容多为定性资料，如照护工作和服务态度满意率、照护人员年终考核合格率等。

2）照护服务的质量评价

照护服务的质量评价包括要素质量评价、环节质量评价和终末质量评价三方面。

①要素质量评价，主要评价执行照护工作的基本条件，包括环境、设施、仪器及照护人员等，具体见表1-1-12。

表1-1-12 要素质量评价

评价项目	具体内容
环境	环境安全、清洁、整齐、舒适
设施	参考《医养结合服务质量评价标准》
仪器	器械设备齐全、性能完好，急救用品完好率达100%
照护人员	数量、质量、资格应符合照护服务分级管理要求
质量管理组织	可根据照护机构规模，设置二至三级质量管理组织，并能定期进行质量控制活动
各种规章制度制定及执行情况	有无各项工作质量标准及质量控制标准

②环节质量评价，是对照护服务某一过程或各个环节进行质量评价的方法。这种评价不仅关注各个环节本身的执行情况，还关注这些环节如何共同影响最终的服务结果。通过环节质量评价，可以识别出哪些环节是高效的，哪些环节需要改进，从而优化整个服务过程的效率和质量。

③终末质量评价，主要评价照护服务的最终效果，指老年人的照护结果质量评价。

（6）照护服务评价的操作准备及操作过程

1）操作准备

照护服务评价前的准备见表1-1-13。

表1-1-13 照护服务评价前的准备

准备项目	具体内容
选择合适的设备	确保老年人使用的设备是可以下载并能运行App的。通常智能手机和平板电脑都可以满足这个需求
连接互联网	确保设备可以连接互联网，通常需要连接Wi-Fi网络或移动数据，如果老年人不了解如何连接，请家人或照护人员提供帮助

续表

准备项目	具体内容
教育和培训	在帮助老年人下载App之前，可以先提供一些关于使用智能手机的基础教育和培训，包括如何解锁手机、打开应用商店等基本操作
设置账户	帮助老年人设置一个应用商店账户。确保老年人能够记住账户名和密码
操作手册	准备详细的操作手册，向老年人介绍需要了解的全部流程

2)操作过程

照护服务评价的操作步骤见表1-1-14。

表1-1-14 照护服务评价的操作步骤

操作步骤	具体内容
查找订单	进入个人账户，打开订单列表
选择订单	在订单列表中找到希望评价的订单，点击进入订单详情页面
撰写评价	在订单详情页面中找到“评价”或“写评价”的选项，点击进入评价页面，撰写评价和意见
评分	为服务进行评分
提交评价	完成评价后，确保仔细检查并确认评价内容，然后提交评价

2.技能操作

(1)操作准备

指导老年人进行照护服务评价前，需要做好必要的准备，见表1-1-15。

表1-1-15 指导老年人进行照护服务评价前的准备

准备项目	具体要求
环境准备	□具有Wi-Fi网络或移动数据 □室内温度为20~28 ℃ □相对湿度≤80% □光线柔和 □清洁卫生
照护人员准备	□按礼仪要求穿戴整齐，仪表端庄
用物准备	□智能手机

温馨提示

○需要注意的是，不同的App可能在界面和步骤上略有不同，但总体流程是相似的。在撰写评价时，尽量客观和真实地描述使用体验，这有助于其他用户了解该服务的质量。如果在下单或评价过程中遇到问题，可以在App内查找帮助、联系客服或查看应用的使用指南。

(2)操作过程

采用角色扮演法，两人一组，一人扮演老年人，另一人扮演照护人员，依次轮流交替进行任务实施，并将评价项目及评价内容填写在表 1-1-16 中。

表 1-1-16 照护服务评价表

基本情况	评价项目	评价内容
杨奶奶，79 岁，身高 161 cm，体重 65 kg。慢性病史：痛风 3 年，空腹血糖 7.7 mmol/L，高血压 15 年		

检查评估

照护人员根据表 1-1-17 中的检查项目进行自我检查，并将检查结果和自我点评记录在表中。

表 1-1-17 上门照护服务下单协助检查记录表(照护人员自查)

序号	检查项目	检查结果	自我点评
1	是否穿工作服并保持服装整洁	是□ 否□	
2	操作前是否清洗双手并进行手部消毒	是□ 否□	
3	是否与照护对象及家属进行沟通并告知相关事宜	是□ 否□	
4	使用手机前是否进行安全检查	是□ 否□	
5	是否按照标准步骤进行操作	是□ 否□	
6	是否完成操作记录	是□ 否□	

照护对象根据表1-1-18中的检查项目对照护人员的服务情况进行检查，并将检查结果和结果点评记录在表中。

表1-1-18　上门照护服务下单协助检查记录表(照护对象点评)

序号	检查项目	检查结果	结果点评
1	操作前是否清洗双手并进行手部消毒	是□　否□	
2	操作前是否询问有无排泄等特殊要求	是□　否□	
3	服务态度是否和蔼，语言是否亲切	是□　否□	

教师根据表1-1-19中的检查项目对照护人员的任务完成情况进行检查，并将检查结果和结果点评记录在表中。

表1-1-19　上门照护服务下单协助检查记录表(教师点评)

序号	检查项目	检查结果	结果点评
1	是否按时完成任务	是□　否□	
2	团队协作是否顺畅	是□　否□	
3	设备、用具及用品是否整理恢复	是□　否□	
4	实训床位及实训室是否整理干净	是□　否□	
5	工作页填写是否准确、完整	是□　否□	

任务小结

- 上门照护服务下单协助
  - 健康养老大数据认知
  - 照护服务App下载
    - 客户群体划分
    - 老年人的生理特点
    - 老年人的心理特点
    - 老年人的需求
    - 照护服务App的下载方法
  - 照护服务下单
    - 照护服务的类别及内容
    - 照护服务的收费标准
    - 照护服务的流程
    - 照护服务下单的操作准备及操作过程
  - 照护服务评价
    - 照护服务评价的目的及意义
    - 照护服务评价的原则
    - 照护服务评价的整体流程
    - 照护服务评价的反馈形式
    - 照护服务评价的内容解析
    - 照护服务评价的操作准备及操作过程

教学资源

任务二 照护服务接单及派单

任务导入

场景：某社区医疗康复服务中心

人物：照护人员小杜

情节：小杜，29岁，身高165 cm，体重55 kg。某市卫生学校毕业后从事了七年护理工作。从以上信息可以看出，小杜是有熟练经验的专业护理人员，如果你是照护人员小杜，将如何在服务平台上进行照护服务接单及派单？

任务目标

- 能够根据居家养老服务平台的使用方法，完成照护服务接单。
- 能够按照老年人的下单需求，使用居家养老服务平台完成居家养老服务供应商的匹配。
- 能够使用居家养老服务平台，完成照护服务派单。

任务实施

（一）照护服务接单

1.知识学习

（1）照护服务项目

照护服务项目包括生活照护、基础照护、安全与急救、康复照护、心理照护和临终照护六项。照护服务流程包括服务接洽、服务准备、服务实施、服务操作和服务结束五个步骤。照护人员通过服务提供机构的管理平台或其他方式接单，机构对服务对象的健康状况、居住环境、照护风险等进行综合评估，制订服务计划，照护人员根据服务计划提供照护服务。

照护人员应与服务对象或主要家庭成员沟通，记录并反馈服务信息，及时做到服务回访和总结。

(2)照护服务标准

照护服务标准分为六个级别：流动护理、三级护理、二级护理、一级护理、特级护理和专人护理，照护服务分级标准见表1-2-1。

表1-2-1 照护服务分级标准

级别	标准	内容
流动护理	生活行为完全自理的老年人：健康状况良好、有正常生活能力、能去餐厅就餐、自己穿脱衣服、自己洗漱、自己洗澡、自己散步、自己去卫生间、头脑清醒、可整理个人物品、能参加集体活动、能正确表达自己的意愿等	1. 流动护理包括提供一日三餐，定时清洗外衣、床单、被罩等服务 2. 代采购日常用品 注：流动服务无专人监护
三级护理	生活行为基本自理、无夜间监护、不依赖他人帮助、无严重器质性疾病、需要帮助洗澡及提醒按时服药的老年人	1. 帮助老年人做好“流动护理”全套护理工作 2. 督促安排老年人做好个人卫生清洁工作(包括洗漱、洗澡等) 3. 为老年人做好室内及床单的卫生工作(每月清洗床上用品一次)
二级护理	需要他人帮助、需要夜间护理、思维功能轻度障碍(尚可交流和表达意愿)、患有两种及以上疾病、不能自己去卫生间的老年人	1. 帮助老年人做好“三级护理”全套护理工作 2. 定期为老年人洗外衣，帮助老年人剪指甲，提醒老年人理发、剃须。做好老年人各类生活用品的消毒工作 3. 做好老年人的夜间服务工作 4. 鼓励老年人到食堂用餐和参加活动 5. 协助老年人上厕所
一级护理	生活行为依赖他人护理、思维功能中度以上障碍、视力障碍、肢体残疾或患有多种疾病、需要24 h护理或本人及家属要求提高护理等级并给予特殊照顾的老年人	1. 为老年人提供“二级护理”全套护理工作 2. 为老年人洗衣、助浴、擦身，夏季擦席子 3. 搀护行动不便的老年人行走、上厕所 4. 身体功能差的老年人应使用安全带、床栏等保护器具，注意安全 5. 帮助老年人到餐厅用餐，为老年人开展各种康复及谈心活动

续表

级别	标准	内容
特级护理	不能准确表达自己意愿，大、小便失禁，随时可能离世，一切均需照料，本人及家属要求提高护理等级并给予特殊照顾的老年人	1. 为老年人提供“一级护理”全套护理工作 2. 做好老年人口腔、皮肤护理，保持老年人清洁无异味 3. 提供24 h服务，细心观察、掌握老年人饮食、起居、情绪及精神状态 4. 对卧床老年人建立翻身卡，对患病老年人要严密观察，发现异常及时处理 5. 为老年人开展针对性的个体康复活动
专人护理	达到特级护理标准，需送餐到房间，护理员服务对象不超过2个人	1. 为老年人提供“特级护理”全套护理工作 2. 护理员与老年人同屋居住，随时照料 3. 饭菜、茶水供应到床边（鼓励、提倡老年人坚持到食堂用餐，有利于老年人身心健康），根据需要按时喂饭、喂水、喂药 4. 每天陪老年人聊天，给老年人做心理疏导工作，使老年人保持心情愉悦 5. 老年人衣物随脏随洗 6. 打理老年人事务，负责管理老年人身边的零钱、衣物、药品等

(3)照护服务平台及功能

1)照护服务平台

居家养老服务平台只需通过智能手机，就可全天候为老年人提供紧急支援、信息查询、远程医疗、社区服务、家政上门、电器维修等服务。其服务特点为随时随地、简单快捷（一键呼叫）、服务响应迅速、服务规范化、服务种类全面。

居家养老服务平台也可根据需要，为老年人安装专属电话或者服务请求设备，并将老年人的姓名、住址等信息录入信息中心资料库，整合周边医院、商家、家政等协作单位成为服务资源。当老年人需要帮助时，只需按座机或手机的相应键进入信息服务平台，服务人员就能在第一时间回电，并将老年人所需服务传递给协作单位，由协作单位上门提供服务。此平台可在各个省、市、县、乡镇、村等多个级别的区域进行运营。居家养老服务平台可与街道、社区、居委会的居家养老服务紧密结合，既为信息化居家养老提供了服务载体，又全面提升了居家养老的服务水平。

2)照护服务平台的功能

居家养老服务平台提供了定位、健康数据监测、信息发布、紧急情况报警以及行为分析等多项服务。针对老年人,平台通过可穿戴式的智能终端收集老年人健康信息、位置信息,为老年人提供健康提醒、一键呼叫等人性化与个性化服务,满足老年人的生活服务需求、健康需求和被关爱、被尊重的需求。

①实时定位

平台通过老年人佩戴的智能手表进行GPS定位,实时显示老年人所在位置。智能手表可设置电子围栏,一旦老年人超出活动区域,就会自动报警。老年人可进行一键呼叫,防止意外,也可进行亲情通话,让老年人和子女零距离。

②视频监护

针对独居、失能、半失能老年人,经老年人或亲属同意,可将老年人设为重点监护对象,进行视频监护。老年人按下一键呼叫,照护人员可直接打开视频查看情况,摄像头可360°旋转查看,并支持远程喊话对讲,以便服务人员判断老年人需要何种服务。

③三方及多方通话

当老年人在家或在外遇到险情进行一键呼叫时,平台支持服务中心、子女、家庭医生多方通话,医生可在线提醒老年人注意事项,服务中心转呼120,由医生向120描述老年人的健康情况。座席同时下发老年人家庭地址给急救车司机,让老年人在最短时间内得到最有效的急救处理。

④健康管理

老年人每天使用带有数据传输功能的智能床垫、生命体征检测一体机等健康设备测量健康数据,健康数据将上传平台形成健康档案。一旦老年人身体发生异常,平台中心将及时通知服务人员、亲属,以使老年人获得快捷的救助和援助。

⑤远程医疗

老年人可通过手机App选择医生进行咨询,医生在线为老年人进行回复,让老年人足不出户即可得到医疗咨询服务。医生会及时通过App查看每位老年人的健康数据,并进行随访、健康评估等。

⑥订单管理

当居家老年人需要照护服务、家政服务、家电维修等服务时,只需在手机下单,照护人员就会上门服务,平台将全流程跟踪、监督照护人员服务,并进行回访,确保服务质量,让居家老年人足不出户即可享受贴心、便利的服务。

⑦亲属联动

平台会为老年人和亲属配置手机App,亲属可通过App查看老年人每日护理情况以及与老年人视频,子女即使与老年人异地也可照护老年人。

⑧智能安防

独居老年人家中配备烟雾报警器、燃气报警器、水浸报警器、防盗报警器等安防设备，一旦有燃气泄漏、水泄漏、非法入室等，报警主机会通过无线网络将信号发送到平台。当老年人白天长期处于不活动状态，平台会自动提醒座席，座席可以调度社区工作者上门查看，从而及时发现独居老年人的意外情况。

⑨个性化功能开发

平台不断与时俱进，不断钻研个性化功能，开发新技术，如平台可开发微信公众号及微信小程序，用户不必下载App，只需在微信上关注就可使用。

微课 照护服务接单操作过程

注意事项

○在照护服务接单和服务前需询问老年人有无特殊要求，是否需要协助，为照护服务接单和服务做好准备。

温馨提示

○照护人员应衣冠整洁、态度和蔼、语气温和，尽量避免使用晦涩难懂、不易理解的专业术语进行沟通。

(4)照护服务接单的操作准备及操作过程

1)操作准备

在进行照护服务接单前，照护人员需要满足的条件如下：

①照护人员要有爱心、细心、耐心、责任心。

②照护人员应取得国家有关部门颁发的职业资格证书。

③照护人员应身体健康，没有传染病。

④照护人员应对养老事业充满激情，为养老事业奉献爱心。

2)操作过程

①沟通

在进行照护服务接单和服务前，需要先与老年人及家属沟通，解释照护服务接单和服务目的及意义，以及老年人需要进行的配合。

②操作实施

A.接单通知

照护人员收到新订单时，居家养老服务平台会向其发送通知，包括护理服务类型、时间和地点等关键信息。

B.接单决策

照护人员可以在查看订单的详细信息(包括照护对象的特殊需求和偏好)后决定是否接受订单。

C.接单反馈

照护人员可以在接单前与照护对象进行在线沟通，了解照护对象更多的情况，以便做好工作准备。

D.订单状态更新

照护人员一旦接受订单，居家养老服务平台会将订单状态更新为“已接单”，并通过平台给照护对象发送通知。

2.技能操作

(1)操作准备

照护人员进行照护服务接单前，需要做好必要的准备，见表1-2-2。

表 1-2-2　照护服务接单前的准备

准备项目	具体要求
环境准备	□具有 Wi-Fi 网络或移动数据 □室内温度为 20~28 ℃ □相对湿度≤80% □光线柔和 □清洁卫生
照护人员准备	□按礼仪要求穿戴整齐，仪表端庄
用物准备	□台式电脑、笔记本电脑、智能手机

(2)操作过程

采用角色扮演法，学生扮演照护人员，进行任务实施，并将操作结果填写在表 1-2-3 中。

表 1-2-3　照护服务接单操作记录表

操作步骤	操作结果
接单通知	□已查阅　□未查阅
接单决策	□接受　□拒绝(需说明理由)
接单反馈	□已沟通　□未沟通
订单状态更新	□已接单　□退单(需说明理由)

(二)照护服务派单及完成照护服务

1.知识学习

(1)居家养老服务供需因素

社会化运营居家养老服务平台，将各种服务供应商聚合在一起，不仅便于为老年人匹配服务，还能更充分地整合资源，形成一个类似超市的线上服务平台。更为重要的是，供需双方通过平台对接，能实现照护服务留痕，政府也能充分地对照护服务过程进行监管。居家养老服务平台包括照护服务、人员派遣、医养结合、文旅康养、适老服务等服务项目，以及步行移动、生活支援、生活食品等老年产品。服务主要集中在护理类、助餐类、家政清洁类服务。产品主要集中在失能护理补贴范围内的适老产品。服务供应商可以直接对接居家养老服务平台上的老年人及家属，降低获客成本。失能老年人及家属可以轻松、便捷地找到信得过、够专业的居家养老服务供应商，进一步打通居家养老服务的供需对接通道。通过有效的服务供应商匹配，居家养老服务平台可以提供更为个性化、高质量的服务，同时也能够为照护人员提供更适合他们技能和特长的工作机会。居家养老服务供需因素如图1-2-1所示。

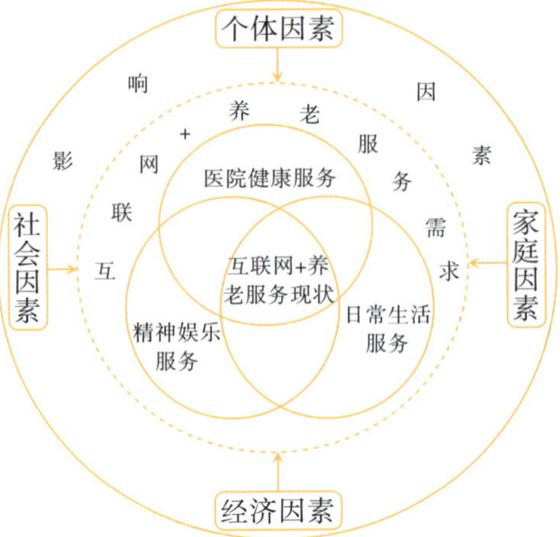

图1-2-1 居家养老服务供需因素

(2)照护服务群体

照护服务机构应当按照政府部门有关规定和当事方协议约定，优化内部管理，规范服务行为，明确双方权责，妥善处置纠纷。服务机构应建立、完善异常事件报告、紧急呼叫记录、值班记录、交接班记录、门卫记录、视频监控记录等台账资料。

照护人员、照护服务专业高校毕业生等各类专业人才从事医疗护理、康复治疗等服务工作前，应当具备相应资格。照护人员应进行职业道德等教育培训。

照护志愿者可通过平台查找服务项目，展示志愿服务风采，志愿者服务弘扬“奉献、友爱、互助、进步”的志愿精神，提升个人的精神境界，充实业余时间，丰富生活，促进自身的发展，把爱心献给老年人，在服务老年人的过程中学到更多的老年人照护知识及沟通技巧。

市区两级行业主管部门通过平台监管照护服务市场主体行为，引导养老行业科学合理发展，优化养老服务政策。

(3)照护服务供应商匹配

1)选择服务供应商

①了解服务供应商的背景和资质

在选择服务供应商之前，需要了解服务供应商的背景和资质，比如公司的注册情况、经营范围、资质证书等。这可以帮助照护对象确定服务供应商的可靠性和专业性。

②考虑服务内容和价格

不同的服务供应商提供的服务内容和价格不同。照护对象需要根据自身的需求和经济情况选择适合自己的服务供应商。

③了解服务质量和口碑

服务质量和口碑是选择服务供应商时需要考虑的重要因素。照护对象可以通过查询服务供应商的网站、社交媒体等了解其服务质量和用户评价。

2)操作实施

①服务供应商注册

在服务供应商注册或使用平台时，平台将收集服务供应商的基本信息和提供的服务项目（图 1-2-2），这些信息有助于照护对象了解、选择服务供应商。

图 1-2-2　服务供应商提供的服务项目

②照护人员信息收集

收集照护人员的详细信息，可在匹配照护项目时进行参考（图 1-2-3）。

图 1-2-3　照护人员详细信息

③算法匹配

利用智能算法和机器学习技术，将照护对象的需求和服务供应商的信息进行匹配。算法可以考虑多个因素，如地理位置、技能匹配度、用户评价等。

④手动匹配

居家养老服务平台的工作人员根据照护对象的需求和服务供应商的信息，进行手动匹配。这种方式可以更加细致地考虑各种因素，确保匹配更为准确。

⑤用户偏好设置

允许照护对象设置偏好，例如指定照护人员的性别、语言、经验等条件，以便匹配到更符合照护对象期望的照护人员。

⑥实时可用性

在居家养老服务平台上显示照护人员的实时可用性，让照护对象可以选择能够按需提供服务的照护人员。

⑦多方沟通

允许照护对象与潜在的照护人员进行沟通，以便双方了解彼此，确认是否适合。

⑧用户反馈

收集照护对象对照护人员的评价和反馈，以便不断优化匹配算法，提升服务质量。

⑨定期评估和调整

根据照护对象的评价、服务供应商的表现和照护对象的需求变化，定期评估匹配效果，并进行调整和优化。

⑩多样性和灵活性

考虑到照护对象的多样性需求，确保匹配不同类型的照护人员，如护士、护工、陪护员等，以满足不同照护对象的需求。

(4)居家养老服务平台的特点

1)支持客户信息管理

允许记录和管理客户信息，包括联系方式、服务历史等，以便更好地了解客户需求和提供个性化的服务。

2)具备实时性

能够快速将服务任务派发给合适的执行者，并实时跟踪任务的执行进度，这有助于保证及时响应客户需求和解决问题。

3)具备客户满意度反馈功能

让客户能够对服务质量进行评价和反馈。这有助于持续提高服务质量和客户满意度。

4)提供移动端应用或响应式设计

以方便服务人员随时接收和处理派单任务。

5)支持时间追踪和工时记录

允许服务人员记录任务的实际执行时间和工时，以便后续统计工作量和分析成本。

6)提供地理位置信息和路线规划功能

帮助执行者确定任务位置和最佳路线，以提高任务的响应速度和执行效率。

(5)照护服务派单及完成照护服务的操作要点

照护服务派单是指将已接受服务请求的照护人员分配到照护对象所需的服务任务上。以下是照护服务派单及完成照护服务的操作要点，以确保照护服务顺利完成：

1)接受服务请求

当照护人员接受服务请求后,需要表明自己可以提供服务并愿意接受派单。

2)服务需求匹配

平台根据照护对象的需求和照护人员的技能水平、地理位置等信息,进行派单匹配。

3)派单通知

平台将服务派工单下发给被派单的照护人员,包括服务内容、服务地址、服务时间、注意事项等,服务派工单见表1-2-4。

4)确认任务

被派单的照护人员确认接受任务,并确认自己可以按照约定的时间和地点提供服务。

5)任务准备

照护人员准备好所需的工具、设备、药物等,以确保能够顺利提供服务。

6)服务过程

照护人员按照约定的时间和内容,为照护对象提供居家照护服务,如生活照护、基础照护、安全与急救、康复照护等。

7)与用户沟通

在服务过程中,照护人员与照护对象保持沟通,了解照护对象的需求、意见和反馈,确保提供符合期望的服务。

8)记录服务

在服务过程中,照护人员需要记录服务的详情,包括提供的照护项目、照护对象的健康状况、药物使用情况等。

9)完成服务

在服务完成后,照护人员向照护对象确认是否满意照护服务,然后记录服务的结束时间和其他必要信息。

10)提交报告

根据平台要求,照护人员需要提交服务报告,记录本次服务的情况和结果。

11)结算和支付

根据服务完成情况,平台会进行结算并支付照护人员报酬,也可能会根据用户评价给予奖励或惩罚。

12)用户评价和反馈

照护对象可以在平台上对照护人员的服务进行评价和反馈,这有助于提升服务质量。

表 1-2-4　服务派工单

姓名		联系电话		档案编号	
服务内容					
服务地址					
服务时间			服务人数要求		
注意事项					
下单方式			服务费用	大写	
投诉电话				小写	
客户意见					
客户填写栏(请客户如实填写,如特殊情况可以让照护人员代填)					
开工时间：　年　月　日　时,收工时间：　年　月　日　时					
很满意(　)　满意(　)　基本满意(　)　不满意(　)　服务差,中途请求退款(　) 注:您的打分关系到照护人员的工资,请您依据服务态度、服务质量做满意度评价					
照护人员		电话		星级	
如有单独收费项目请说明：					
其他说明事项： 公司禁止服务人员向客户推销各种产品、药品,如有,请投诉;如有特殊情况追加费用,请在此表中说明,以免服务人员乱收费,杜绝表外其他收费					
感谢您对我公司的支持,祝您身体健康!　　　客户签字：					

2.技能操作

(1)操作准备

照护服务派单前,需要做好必要的准备,见表 1-2-5。

表 1-2-5　照护服务派单前的准备

准备项目	具体要求
环境准备	□具有 Wi-Fi 网络或移动数据 □室内温度为 20~28 ℃ □相对湿度≤80% □光线柔和 □清洁卫生
照护人员准备	□按礼仪要求穿戴整齐,仪表端庄
用物准备	□台式电脑、笔记本电脑、智能手机

(2)操作过程

采用角色扮演法，两人一组，一人扮演老年人，另一人扮演照护人员，依次轮流交替进行任务实施，并将具体内容填写在表1-2-6中。

表1-2-6 照护服务派单及完成照护服务操作记录表

操作步骤	具体内容
接受服务请求	□接受 □拒绝(需说明理由)
服务需求匹配	□技能水平 □地理位置
派单通知	□已下发 □未下发
确认任务	□已接单 □退单(需说明理由)
任务准备	□工具 □设备 □药物
服务过程	□生活照护 □基础照护 □安全与急救 □康复照护
与用户沟通	□已沟通 □未沟通
记录服务	□已记录 □未记录
完成服务	□已完成 □未完成
提交报告	□已提交 □未提交
结算和支付	□已付 □待付
用户评价和反馈	□完成评价 □未评价

检查评估

照护人员根据表1-2-7中的检查项目进行自我检查，并将检查结果和自我点评记录在表中。

表1-2-7 照护服务接单及派单检查记录表(照护人员自查)

序号	检查项目	检查结果	自我点评
1	是否穿工作服并保持服装整洁	是□ 否□	
2	操作前是否清洗双手并进行手部消毒	是□ 否□	
3	是否与照护对象及家属进行沟通并告知相关事宜	是□ 否□	

续表

序号	检查项目	检查结果	自我点评
4	使用工具、设备前是否进行安全检查	是□ 否□	
5	是否按照标准步骤进行操作	是□ 否□	
6	是否完成操作记录	是□ 否□	

照护对象根据表1-2-8中的检查项目对照护人员的服务情况进行检查,并将检查结果和结果点评记录在表中。

表1-2-8 照护服务接单及派单检查记录表(照护对象点评)

序号	检查项目	检查结果	结果点评
1	操作前是否清洗双手并进行手部消毒	是□ 否□	
2	操作前是否询问有无排泄等特殊要求	是□ 否□	
3	服务态度是否和蔼,语言是否亲切	是□ 否□	

教师根据表1-2-9中的检查项目对照护人员的任务完成情况进行检查,并将检查结果和结果点评记录在表中。

表1-2-9 照护服务接单及派单检查记录表(教师点评)

序号	检查项目	检查结果	结果点评
1	是否按时完成任务	是□ 否□	
2	团队协作是否顺畅	是□ 否□	
3	设备、用具及用品是否整理恢复	是□ 否□	
4	实训床位及实训室是否整理干净	是□ 否□	
5	工作页填写是否准确、完整	是□ 否□	

任务小结

- 照护服务接单及派单
  - 照护服务接单
    - 照护服务项目
    - 照护服务标准
    - 照护服务平台及功能
    - 照护服务接单的操作准备及操作过程
  - 照护服务派单及完成照护服务
    - 居家养老服务供需因素
    - 照护服务群体
    - 照护服务供应商匹配
    - 居家养老服务平台的特点
    - 照护服务派单及完成照护服务的操作要点

教学资源

任务三 居家老年人健康监测与评估

任务导入

场景：某社区

人物：杨奶奶、照护人员小杜

情节：居家老人杨奶奶，79岁，身高161 cm，体重65 kg。慢性病史：痛风3年，空腹血糖7.7 mmol/L，高血压15年。杨奶奶的生活需要协助照护，如果你是照护人员小杜，将如何对杨奶奶进行健康监测与评估管理？

任务目标

- 能够根据居家智能终端设备的使用方法及原理，完成居家老年人健康数据采集。
- 能够根据老年人生理健康指标，判断健康监测数据是否正常。
- 能够根据健康监测数据，完成健康评估报告。

任务实施

（一）使用居家智能终端设备采集健康数据

1. 知识学习

居家养老服务平台通过智能手表、智能人体感应器、智能血压计、智能血糖仪等多种智能设备对老年人居家空间进行改造，并实时监测居家行为、行走步数等数据，采集老年人的健康数据，利用大数据、物联网、人工智能等新兴技术为老年人提供安全、健康的生活保障。

(1)居家智能终端设备

居家智能终端设备具有便捷、敏捷、高效、节省人工等特点，通过接入互联网，使监测更智能，预警更精确，还可将监测点分散，整合更多的资源，为老年人提供更加多样、及时、高效的服务。

1)智能穿戴设备

老年智能手表、老年心率手环等穿戴设备，具有健康监测的功能，能够对老年人的心率、血压、体温、血氧等数据进行监测，有些设备还可以在数据异常时进行预警。SOS一键呼叫也是很多老年智能穿戴设备具有的功能，老年人发生意外状况时，只需要通过一个按键就可以通知家属或护理人员。GPS定位功能更是必不可少的，可以使家属随时了解老年人的行动轨迹。老年智能穿戴设备的主要优点是便于携带，使用方便，可以随时监测老年人的身体状况，及时预警。

2)便携式健康监测设备

随着年龄增长，人体的机能发生退化，很多老年人患有身体疾病，便携式健康监测设备的存在不可或缺。便携式健康监测设备包括智能血压计、智能血糖仪、智能血氧仪、智能心率监测仪等，与智能穿戴设备相比，一些能够达到医疗级水平的便携式健康监测设备的精准度更高，监测的结果更具有参考价值。便携式健康监测设备的优点是可以在家中使用，监测结果相对准确。

3)智能家居设备

智能家居设备包括智能SOS紧急求助报警器、智能烟雾报警器、智能可燃气体报警器、智能人体感应器和智能水浸报警器等，可以为老年人提供一个更加安全的生活环境。智能家居设备安装之后不需要进行复杂的操作，使用方法简单，但能够进行智能监测，还可以进行预警，是非常方便的智能养老产品。

(2)健康数据采集概述

1)生活方式和健康状况评估

通过问诊及老年人健康状况自评了解其基本健康状况、体育锻炼、饮食、吸烟、饮酒、既往所患疾病及目前用药和生活自理能力等情况。

2)体格检查

体格检查包括体温、脉搏、呼吸、血压、身高、体重、颈围、腰围、皮肤、浅表淋巴结、肺部、心脏、腹部等常规检查，并对口腔、视力、听力和运动功能等进行粗测判断。

3)辅助检查

辅助检查包括血常规、尿常规、肝功能(血清谷草转氨酶、血清谷丙转氨酶和总胆红素)、肾功能(血清肌酐和血尿素氮)、空腹血糖、血脂(总胆固醇、甘油三酯、低密度脂蛋白胆固醇、高密度脂蛋白胆固醇)、心电图和腹部B超(肝、胆、胰、脾)检查。

4)健康指导

告知评价结果并进行相应健康指导：

①对发现已确诊的原发性高血压和2型糖尿病患者开展相应的慢性病健康管理。

②对患有其他疾病的患者，应及时治疗或转诊。

③对发现有异常的老年人建议定期复查或向上级医疗机构转诊。

④进行健康生活方式、疫苗接种、骨质疏松预防、防跌倒措施、意外伤害预防和自救、认知和情感等健康指导。

居家智能终端设备使用方法和原理，见表1-3-1。

表1-3-1 居家智能终端设备使用方法和原理

类别	具体内容
检查项目	检查项目≥18项，包括心率、呼吸率、心电波形、呼吸波形、脉搏波形、脉率、脉搏血氧饱和度、脉搏强度、无创血压、体温、血糖、尿酸、胆固醇、视力、色觉等
拓展接口和联机软件	1. 具备USB、RS232、以太网接口，支持Wi-Fi网络数据传输 2. 支持各种主流接口，可用于系统扩展和升级；机身内置诊断系统软件，支持数据共享，数据可上传公共卫生管理系统
显示、输入、输出	1. 显示器≥12英寸 2. 液晶触摸显示屏 3. 支持触摸软键盘，外置无线鼠标、键盘 4. 支持英文、五笔、拼音、手写输入法 5. 支持内置打印功能，可外接打印机
身份信息、医疗数据录入、查询、传输	1. 具备二代身份证读取装置，可自动录入身份信息，与对应检测数据关联保存至健康档案中 2. 健康档案保存数量≥80万条 3. 支持历史查询但不可修改医疗数据，可根据ID、词汇、日期等索引条件模糊查询 4. 支持授权后医疗数据软件对接传输、定制格式打印、转存、删除
主要检查功能	1. 多体征检测 1)无创血压 2)液晶屏数字化动态显示测量结果，避免数值误差 3)一次测量提供舒张压、收缩压、平均压3个数值；含记忆功能，可记录测量数值 4)检测人群包括成人和儿童，采用振荡法测量原理，通过手动或自动测量 5)具有视觉报警、听觉报警功能 6)有气密性检测功能，并有检测状态提示

续表

类别	具体内容
主要检查功能	2.脉率和脉搏血氧饱和度检测功能 1)液晶屏数字化显示测量结果,避免数值误差 2)脉搏血氧饱和度测量应有脉搏波形、脉搏血氧饱和度、脉率和脉搏强度显示 3)脉率显示分辨率为1 bpm 4)脉搏血氧饱和度显示分辨率为1% 5)具有视觉报警、听觉报警功能 3.体温检测 1)具备体温检测功能 2)测量值为25～45 ℃,准确度为±0.2 ℃ 3)具有视觉报警、听觉报警功能 4.心电监护 1)测量值为15～350 bpm,分辨率为1 bpm 2)导联包括Ⅰ、Ⅱ、Ⅲ、aVR、aVL、aVF、V 3)诊断系统具有发声的心动显示功能 4)液晶屏数字化实时动态显示心率、呼吸率、心电波形、呼吸波形 5)具有视觉报警、听觉报警功能 5.视力检查 1)检查距离有五种选择,分别为5 m、3 m、1 m、0.5 m、0.25 m 2)信息化诊断系统具备视力检查、视标切换功能:前后翻页控件切换图片,视标随机变化指示方向 3)具有裸眼视力和矫正视力值显示区,检测结果保存至健康档案中 6.色觉检查 1)色盲检查图应有简单数字、几何图形、图画、多维数字、其他五种图片类型可选,提供遗传性色盲、非遗传性色盲诊断功能 2)图片切换功能:前后翻页控件切换图片 3)具备色觉检测功能,检测结果保存至电子病历(健康档案)中 7.支持血糖、尿酸、总胆固醇检测接口,测量结果可保存至健康档案中

(3)健康数据采集及注意事项

通过定期采集健康数据,可以了解老年人的健康状况,及时发现问题并采取适当的干预措施,以提供更全面的照护服务。健康数据采集如图1-3-1所示。

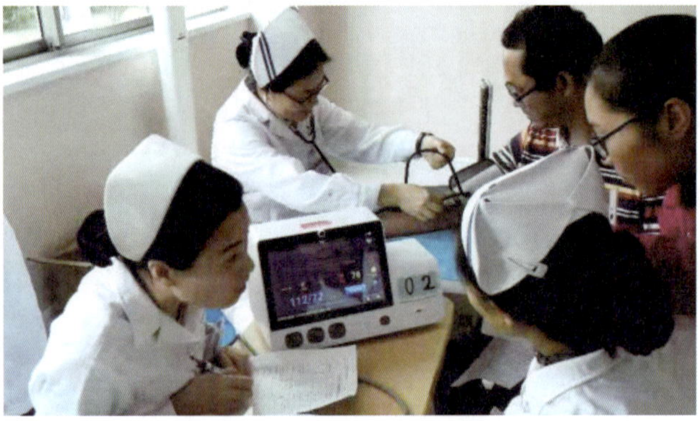

图 1-3-1 健康数据采集

微课 居家长者健康数据采集

1)生理健康监测

①体温测量

老年人的体温是健康状态的一个重要指标,可以使用数字体温计定期进行测量。

②血压监测

高血压是老年人群常见慢性病,可使用智能血压计定期监测血压变化。

③心率监测

定期监测心率变化,可及时发现异常情况,例如心率过快或过缓。

④血糖监测

定期监测血糖水平对于糖尿病患者非常重要,可使用智能血糖仪进行监测。

2)活动与运动监测

①步数和运动量

可使用智能手环、手机App等记录老年人的步数和运动量,鼓励老年人进行适度的身体活动。

②坐姿提醒

通过智能设备提醒老年人定时起身活动,预防长时间久坐带来的健康问题。

3)药物管理

①用药提醒

提供可编程的用药提醒系统,帮助老年人按时服药,避免漏服或重复服药。

②药物相互作用

帮助老年人了解不同药物之间的相互作用,避免不当的药物组合。

4)饮食和营养监测

①饮食记录

使用手机App或在线工具记录老年人的饮食习惯,帮助他们保持健康的饮食习惯。

②营养咨询

提供营养方面的建议和指导，确保老年人获得足够的营养。

5）睡眠监测

①睡眠记录

帮助老年人记录睡眠时间和质量，以便及时调整睡眠习惯。

②睡眠问题识别

监测睡眠质量，及时发现老年人存在的失眠、多梦等睡眠问题。

6）心理健康监测

①情绪记录

帮助老年人记录情绪变化，及时发现并应对抑郁、焦虑等心理问题。

②心理支持

提供在线心理咨询或支持，帮助老年人维持积极的心态。

7）医疗预约和远程会诊

①预约服务

提供在线医疗预约平台，方便老年人预约医疗服务。

②远程会诊

帮助老年人通过视频通话与医生进行远程会诊，解决一些常见的健康问题。

（4）生命体征检测一体机

生命体征检测一体机是一种新型的体检设备，它集成了多种检测功能，可对人体进行全面的检测和分析。老年人在家里安装生命体征检测一体机，子女打开设备App即可看到老年人的血压、血糖等健康数据。同时，生命体征检测一体机可以直接连接居家养老服务平台，平台对居家老年人的基本信息、健康档案、体检报告、用药史等多源异构数据进行系统分析，为居家老年人提供精准健康资讯、体检通知和体检报告，还提供在线问诊服务，可与家庭医生互动，方便开药检查。

居家养老服务平台建立的基础数据库、知识库、家庭医生库及医疗资源信息库，可实现对居家老年人健康状况的24 h监控、预测分析和精准医疗诊断，由家庭医生提供个性化营养、运动、康复知识的咨询、指导及远程医疗服务。

生命体征检测一体机的具体操作法如下：

1）开机

打开设备电源，系统会自动启动进入操作界面。

2）身高、体重、体脂率测量

在设备上按身高、体重、体脂率测量键，按照提示进行操作即可。

3）血压测量

戴上血压袖带，安装好血压计，按下“开始”按钮，在袖带膨胀时保持手臂放松，等待测量完毕即可。

温馨提示

○用生命体征检测一体机时，用户需要按照设备的提示进行操作，保持放松、专注，以获得准确的检测结果。同时，由于该设备的检测范围较广，用户在检测结果异常时，应及时向专业医生咨询，了解可能的原因和风险。

4)心电图检查

将吸盘电极贴在手腕和脚踝处，按下“开始”按钮等待检查结果。

5)血氧和心率检测

插上血氧探头，戴上心率带，按下“开始”按钮等待检测结果。

6)尿常规检测

在尿常规检测模块放入检测板，按下“开始”按钮等待检测结果。

7) 生化检测

在生化检测模块放入试剂盒，按下“开始”按钮等待检测结果。

2.技能操作

(1)操作准备

进行健康数据采集前，需要做好必要的准备，见表1-3-2。

表1-3-2 健康数据采集前的准备

准备项目	具体要求
环境准备	□具有Wi-Fi网络或移动数据 □室内温度为20~28 ℃ □相对湿度≤80% □光线柔和 □清洁卫生
老年人和照护人员准备	□老年人衣着宽松、舒适 □照护人员按礼仪要求穿戴整齐，仪表端庄
设备准备	□居家智能终端设备、生命体征检测一体机

(2)操作过程

采用角色扮演法，两人一组，一人扮演老年人，另一人扮演照护人员，依次轮流交替进行任务实施，并将结果填写在表1-3-3中。

表1-3-3 健康数据采集操作记录表

姓名：			性别：	年龄：		检测日期：	
项目	结果	单位	参考值	项目	结果	单位	参考值
心率		次/min	60~100	甘油三酯		mmol/L	1.7
呼吸率		次/min	16~20	低密度脂蛋白胆固醇		mmol/L	3.12 ↓
血糖		mmol/L	3.9~6.1	高密度脂蛋白胆固醇		mmol/L	1.04 ↑
尿酸		umol/L	男性<420 女性<360	总胆固醇		mmol/L	3~5.2

续表

姓名：			性别：	年龄：		检测日期：	
项目	结果	单位	参考值	项目	结果	单位	参考值
红细胞		个/μL	350~550万	颈围		cm	男性<38 女性<35
白细胞		个/μL	0.4~1万	腰围		cm	男性<85 女性<80
血小板		个/μL	10~30万	BMI		kg/m^2	18.5≤BMI<24
肺活量		mL	男性>3500 女性>2500	视力		–	–
无创血压		mmHg	90~140/60~90	色觉		–	–
体温		℃	36~37				

（二）老年人健康监测

1.知识学习

（1）老年人健康标准

1）生活自理或基本自理

生命不能只有长度，更要有质量。老年人想要保持自理能力，需要从多方面入手，比如勤动脑、少操心、锻炼身体、平衡膳食等。

2）重要脏器的增龄性改变未导致明显的功能异常

从客观上看，老年人的身体状况和年轻时相比，存在一定差异，但只要重要脏器功能未改变，就不是病理性变化，而是衰老的表现。

3）影响健康的危险因素，控制在与其年龄相适应的范围内

对于多种疾病来说，年龄是影响其发病率的重要因素之一，老年人常常会出现“带病生存或者多病共存”的情况，但根据最新标准，老年人即使患有疾病，只要指标控制在与年龄相适应的范围内，基本不影响生活质量，就符合健康或基本健康的要求。

4）营养状况良好

营养的摄入对于老年人来说至关重要，营养元素的缺乏，可能导致很多疾病发生，例如缺钙容易导致骨质疏松、缺钾会导致低血钾症，这两项都容易增加跌倒的概率；缺乏蛋白质可能导致小脑萎缩，增加阿尔茨海默病发生风险等。

5）认知功能基本正常

认知功能对于维持老年人的生活自主性和生活质量起着重要的作用。因衰老带来的感知力减退、记忆力下降、反应迟钝等，只要不影响日常独立生活能力，不给家庭和社会增加负担，都可视为认知功能基本正常。

6)乐观积极,自我满意

随着人体的衰老,很多事情做起来开始变得困难,因此老年人容易受到负面情绪的困扰。对于老年人来说,良好的情绪状态能够促进身体健康,提高晚年幸福感。

7)保持良好生活方式

世界卫生组织这样描述健康和寿命的影响因素:生活方式因素占60%、环境因素占17%、遗传因素占15%、医疗条件因素占8%。由此可见,保持良好的生活方式,对于老年人的健康非常重要。

8)积极参与社会活动

由于老年人受身体和心理等因素影响,退休后离开自己原来的工作、生活圈子,在生活方面造成了脱离社会的状态。研究发现,不参加社会活动的老年人,患心脏病、脑卒中和阿尔茨海默病的风险有所增加,而积极参加社会活动,有助于老年人重获信心,有利于身心健康。

9)社会适应能力良好

随着社会发展,很多事物对于老年人来说已经超出了其原本的认知和能力,比如不会网上购物、不会使用手机支付等,这些都是没有良好社会适应能力的一种体现。拥有良好社会适应能力,有利于老年人的身心健康。

(2)老年人健康监测概述

衡量老年人的健康状况主要是监测与特殊生活习惯相关的疾病、监测老年人易患的慢性疾病。而要判断这两方面需要检测极多数据,比如:血压数据、血糖数据、肺部影像等。上了年纪的人很容易患上各种疾病,且患病后也难以像年轻人一样迅速康复,稍有不慎,就会发病死亡,所以必须注意定期监测老年人的各项健康数据,确保身体没有任何健康隐患。

1)监测与特殊生活习惯相关的疾病

这项监测数据因人而异,不同的人有不同的生活习惯。比如老年人经常吸烟,就要检测其肺部功能是否受损,排除肺癌等疾病;若是老年人经常喝酒,就需要检测肝功能是否正常;如果老年人经常待在家里不出去运动,且经常躺着看电视,就要检测颈椎数据,看一下是否正常。

2)监测老年人易患的慢性疾病

这项是常规监测,主要检测血压、血糖、胆固醇、视力、听力等数据,排除老花眼、白内障、青光眼、耳鸣、耳聋、高血压、高血糖、高胆固醇等老年人易患疾病。如果有数据不正常,一定要提高警惕,注意治疗;如果数据正常,就说明老年人身体较为健康,需要继续保持良好的生活习惯。

(3)老年人健康监测及注意事项

判断老年人生理健康指标是否正常是居家康养中的重要一环,可以帮助及早发现健康问题并采取适当的干预措施。以下是一些常见的老年人生理健康指标,以及判断健康状况的方法:

1)体重和体质指数(BMI)

BMI是通过体重(kg)除以身高(m)的平方计算得出,可以用来评估老年人是否偏瘦、超重或肥胖。世界卫生组织对BMI的评价标准如下:

①BMI < 18.5:偏瘦。

②18.5 ≤ BMI < 24.9:正常体重。

③25 ≤ BMI < 29.9:超重。

④BMI ≥ 30:肥胖。

2)血压

血压正常有助于预防心血管疾病和脑卒中。美国心脏协会对成年人血压的评价标准如下:

①收缩压(SYS):正常值<120 mmHg,高血压阶段1:120~139 mmHg,高血压阶段2:≥140 mmHg。

②舒张压(DIA):正常值<80 mmHg,高血压阶段1:80~89 mmHg,高血压阶段2:≥90 mmHg。

3)心率

成年人的正常安静心率为60~100次/min。异常的心率可能暗示心血管问题。

4)血糖

测量血糖可以帮助检测糖尿病和预防并发症。成年人的正常空腹血糖为3.9~6.1 mmol/L。

5)胆固醇

高胆固醇水平与心血管疾病风险增加有关。成年人的正常总胆固醇通常低于3~5.2 mmol/L。

6)肺活量和呼吸功能

通过测量肺活量和呼吸功能来评估肺健康和呼吸系统功能。

7)骨密度

骨密度测试可以帮助评估骨骼健康,特别是骨折风险。

8)视力和听力

定期检查视力和听力,及时发现并处理眼耳健康问题。

9)生活质量评估

通过问卷或面谈了解老年人的生活质量,包括日常生活活动能力、社交、情绪等方面。

10)疼痛评估

了解老年人是否存在慢性疼痛,以及疼痛的程度和影响。

(4)老年人健康指标监测表

老年人健康指标监测表见表1-3-4。

温馨提示

○ 判断老年人健康状况需要综合考虑多个指标,并将其与个体情况、既往病史等结合分析。定期的健康评估和医疗检查对于及早发现问题并采取适当的干预措施非常重要。同时,可以借助智能设备和应用来监测和记录这些指标,以便做好健康管理。

表1-3-4 老年人健康指标监测表

类别	监测指标	监测内容	监测结果
躯体检查	一般状况	1. 身高、体重：身高缩短(女4.9 cm，男2.9 cm)，体重减轻 2. 生命体征 T：老年人基础体温比成年人低 P：脉率接近成年人，但测量时间不少于30 s，注意脉搏波形是否不规则 R：呼吸率较成年人稍快，16~25次/min BP：血压增高和直立性低血压	
	头面部	1. 毛发：变白、变细、脱落 2. 眼睛和视力：眼球凹陷、视力下降、老花眼、白内障、青光眼 3. 耳及听力：听力下降、老年性耳聋、耳鸣 4. 鼻部：嗅觉迟钝 5. 口腔：牙齿缺失、味觉减退	
	皮肤	1. 皮肤：出现老年斑、老年疣、白癜风等 2. 指甲：厚、黄、硬、灰甲	
	颈部	检查颈部活动、颈部充盈度及血管杂音、淋巴结、甲状腺等	
	胸部	1. 乳房：女性易患乳腺癌，每年检查一次 2. 胸廓及肺：桶状肺 3. 心脏：重点确定有无杂音、心肌肥厚、心脏扩大	
	腹部	检查有无压痛、有无包块、听诊肠鸣音有无异常等	
	生殖器	1. 男性：易患前列腺增生 2. 女性：易患外阴瘙痒、外阴炎、老年性阴道炎	
	脊柱与四肢	检查有无脊柱后凸、关节活动变小。观察有无疼痛、畸形、运动障碍，有无下肢皮肤溃疡、足冷痛等	
	神经系统	检查是否反应迟钝、动作协调能力下降、睡眠缩短	

续表

类别	监测指标	监测内容	监测结果
生理指标检查	血常规	红细胞、血红蛋白、白细胞、血小板	
	尿常规	白细胞尿、菌尿发生率	
	血沉	感染、肿瘤及结缔组织病	
	血糖	糖耐受能力	
	血钙、血磷	钙、磷元素水平	
	甲状腺功能	结节、良性肿瘤及癌变	
认知健康	一般能力	语速和思维、事物判断力	
	特殊能力	记忆力、语言复述能力、注意力	
	精神状态	1.智力：简易智力状态检查量表(MMSE)、简易心智状态问卷调查表(SPMSQ) 2.抑郁：抑郁自评量表 3.焦虑：汉密尔顿焦虑量表	

2.技能操作

(1)操作准备

进行健康数据监测前，需要做好必要的准备，见表1-3-5。

表1-3-5 健康数据监测前的准备

准备项目	具体要求
环境准备	□具有Wi-Fi网络或移动数据 □室内温度为20~28 ℃ □相对湿度≤80% □光线柔和 □清洁卫生
老年人和照护人员准备	□老年人衣着宽松、舒适 □照护人员按礼仪要求穿戴整齐，仪表端庄
设备准备	□居家智能终端设备、生命体征检测一体机

(2)操作过程

采用角色扮演法，两人一组，一人扮演老年人，另一人扮演照护人员，依次轮流交替进行任务实施，并将监测结果填写在表1-3-4中。

(三)老年人健康评估

1.知识学习

(1)老年人健康评估相关概念

1)健康评估服务

健康评估服务指医疗机构为辖区老年人提供的健康状况的系统评价和健康等级划分服务。

2)健康状况

健康状况指老年人躯体健康、精神健康、社会健康等方面的状况。

3)健康等级

健康等级指医疗机构根据健康评估的结果对辖区老年人的健康状况做出的等级划分。

4)健康史

健康史指老年人既往疾病史、家族疾病史以及正在接受治疗的情况,也包括影响老年人健康状况的重大生活事件和重要因素。

5)精神状况

精神状况指老年人在评估时的外表、行为、情绪状态、认知功能等方面的外在表现。

6)功能评估

功能评估指对老年人的感觉器官和运动系统完成功能活动情况以及完成日常生活活动的能力的评估。

7)自理能力

自理能力指老年人完成基本生活活动和利用日常生活服务设施的能力。

8)社会功能

社会功能指老年人与周围人群和环境的联系与交流状况。

9)决定能力

决定能力指老年人是否有自主选择接受或拒绝医疗及养老机构服务的能力。

10)风险评估

风险评估指医疗机构对辖区老年人健康体检及诊疗过程中可能出现的、易造成老年人意外伤害的危险因素的评价和预测。

11)健康档案

健康档案指医疗机构对辖区老年人的健康评估结果和有关问题的格式化记录,以及既往诊疗资料和体检记录。

12)评估中心

评估中心指由医疗机构行业管理部门设立、认可或委托的,为辖区老年人提供专业化健康评估服务的机构。

13)评估室

评估室指由医疗机构设立、用于提供健康评估服务的专门场所。

14)评估员

评估员指经医疗机构行业管理部门培训并获得相关资格认定，可从事健康评估服务工作的专业服务人员。

(2)老年人健康评估要求

1)评估的目的

评估结果仅作为老年人现有健康状况的说明，而非疾病的诊断，提供老年人健康管理的主要内容和要求，提供入院、转科、出院以及制订老年人照顾计划的依据。

2)基本要求

医疗机构辖区内的老年人均应接受健康评估。健康评估应由专业从业人员完成。健康评估应遵循规定的程序和规范，评估结果应使用医学、护理学专业术语，并由评估员签字确认。

3)评估内容

①基本资料

基本资料应包括姓名、居民身份证号、性别、出生日期、文化程度和婚姻状况等个人基本信息，还应包括经济来源、居住情况、主要照顾者等社会信息。

②健康史

健康史应包括现病史和既往病史、家族疾病史、外伤史、药物过敏史、目前接受的治疗护理方案等信息，还应包括饮食、营养和皮肤等需要特别注明的健康问题的信息。

③精神状况

精神状况应包括认知、情感和意志行为各方面的信息，还应包括自杀、伤人等需要特别注意的心理和行为问题的信息，可以有选择地使用精神卫生评定量表。

④功能活动

功能活动应包括言语、视力、听力等沟通能力的信息，还应包括完成进食、个人卫生等日常功能活动的信息，应注明眼镜、助听器、拐杖等辅助器具的使用情况。

⑤社会功能

社会功能应包括社会活动的参与程度、自身感受等信息，还应包括社会支持、社会评价等信息，可以有选择地使用精神卫生评定量表。

⑥应对问题的能力

应对褥疮、跌倒等需要特别注意的健康问题的能力应进行专门评估。

4)评估分类

①入院评估

入院时应对老年人进行入院评估，事先向老年人和家属解释评估的目的和要求，并取得老年人的配合。评估可以分阶段、分次进行，也可以由不同评估员完成。全面的评估应在十四天内完成，所有健康资料由完成评估的评估员确认，并建立健康档案。

②例行评估

例行评估主要回顾和总结老年人目前面临的主要健康问题，评估结束后应在健康档案中作阶段小结。例行评估每年应不少于一次。

③即时评估

即时评估指当老年人健康出现重大变化或危急状况时进行的评估。评估时应首先回顾老年人既往健康情况、目前出现的健康问题和严重程度，并说明已采取的处理措施和下一步照顾计划，如请医生会诊应在健康档案中同时记录会诊情况。

(3)老年人健康分级标准

1)总体健康等级划分标准

①健康完好

自理能力完好；经过测试，工具性日常生活活动能力得分<12分，巴氏指数得分>60分；最近三个月内无新发或处于活动期的躯体疾病和功能残疾，无须治疗；无精神健康问题，社会功能完好。

②健康受损

依赖他人帮助完成日常生活活动，存在发生意外的现实风险；存在必须使用药物维持治疗效果的躯体疾病；最近三个月内罹患了严重外伤、器质性疾病或已经患有的疾病处于活动期或出现恶化的倾向；存在病理性的精神问题。

③健康堪忧

自理能力严重受损；出现危及生命的紧急情况；躯体疾病出现明显的恶化。

2)各维度健康等级划分标准

①自理能力

A.完全自理能力指通过基本活动能力测试，巴氏指数得分>60分，工具性日常活动能力得分<12分，或单项得分>3分的项目少于三项。

B.部分自理能力指通过日常活动能力测试，基本活动能力基本完好，巴氏指数得分>40分；工具性日常活动能力得分>12分，或有三项以上项目受损。

C.无自理能力指通过日常活动能力测试，基本活动能力严重受损，巴氏指数得分<40分。

②精神状况

A.精神状况良好指老年人认知功能良好，无持续的情绪问题和异常行为。

B.精神状况受损指老年人在认知、情感和意志行为等一个或几个方面存在异常，但其严重程度较轻，尚能维持正常的生活活动，其持续时间较短,通常在一个月之内即出现明显缓解,其原因往往是由于明确的外部因素作用的结果。

C.精神状况堪忧指老年人在认知、情感和意志行为等一个或几个方面存在病理性障碍,存在冲动毁物等异常行为,或者精神功能出现严重、快速衰退。这种精神障碍已经严重影响了正常生活,其持续时间较长或表现为进行性恶化的趋势,其原因往往是自身内在因素的作用或者是不可逆转的器质性病变造成的。

③决定能力

A.决定能力完好指老年人通过智能测验和老年人选择卫生服务能力问卷测验,能独立作出决定。

B.部分决定能力指老年人仅通过智能测验或老年人选择卫生服务能力问卷测验。

C.决定能力缺如指老年人不能完成智能测验,或经过智能测验发现患有阿尔茨海默病,或老年人选择卫生服务能力问卷测验得分<11分 。

(4)老年人健康评估规范

①评估员应遵守职业道德,保证评估资料真实、有效和可靠。

②评估员应规范着装,佩戴有自己身份标识的证件,态度和蔼,使用礼貌用语。

③评估前评估员应先表明自己身份,向老年人及家属说明评估的目的、程序并征得老年人及家属同意。

④评估应使用老年人可以理解的语言,并随时解答老年人的疑问。

⑤评估结束后应及时告知老年人及家属评估结果,并说明该结果将作为制订照顾计划的依据。

⑥评估结束后记录结果并签字。不同评估员对同一位老年人分阶段进行评估应分别签字。

(5)老年人健康评估及注意事项

1)资料、数据收集

编制老年人健康评估报告是为了总结和分析老年人的健康状况,为他们提供个性化的健康管理建议和干预措施。

①收集生理健康指标的数据,如身高、体重、BMI、血压、血糖、胆固醇等。

②获取病史和医疗记录,包括既往疾病、手术史、药物服用情况等。

2)数据分析和评估

①分析收集到的数据,比较与正常范围或标准的差异,评估老年人的健康状况。

②根据生理健康指标的情况,评估老年人可能存在的风险和健康问题,例如高血压、糖尿病、心血管疾病等。

3)生活方式评估

①了解老年人的日常生活方式,包括饮食习惯、运动情况、睡眠质量

等。

②考虑生活方式对健康的影响，提供相应的建议，例如改善饮食、增加运动等。

4）心理健康评估

①了解老年人的心理健康状况，是否存在焦虑、抑郁等问题。

②根据心理健康评估结果，提供心理支持和干预建议，包括参加社交活动、心理咨询等。

5）健康风险评估和建议

①综合分析数据，评估老年人的健康风险，列出可能存在的潜在健康问题和风险因素。

②提供个性化的健康管理建议，包括调整生活方式、药物管理、定期检查等。

6）制订健康管理计划

①根据评估结果和建议，制订详细的健康管理计划，明确具体措施和目标。

②制订监测和随访计划，以便定期评估健康状况。

7）撰写报告

①将以上内容编写成详细的健康评估报告，使用简明易懂的语言，尽量避免医学术语。

②将报告传达给老年人以及相关医疗专业人员，确保他们都理解报告内容和建议。

8）定期更新和跟进

①定期更新老年人的健康评估报告，跟踪健康状况的变化，根据需要进行调整和干预。

②在每次跟进中记录健康数据和变化，以便更好地了解老年人的健康进展。

编写老年人健康评估报告需要综合考虑多方面的信息和数据，确保报告内容准确、全面，并提供可操作的健康管理建议。最终的目标是帮助老年人维持健康，提高生活质量。

2.技能操作

（1）沟通评估

先与老年人沟通，说明健康评估的目的，取得老年人配合。

（2）操作实施

采用角色扮演法，两人一组，一人扮演老年人，另一人扮演照护人员，依次轮流交替进行任务实施，并将评估结果填写在表1-3-6中。

表1-3-6 老年人健康评估报告

类别	评估项目	评估结果
生理健康指标数据	身高	
	体重	
	BMI	
	血压	
	血糖	
	胆固醇	
病史和医疗记录	既往疾病	
	手术史	
	药物服用情况	
生活方式和心理健康评估	饮食习惯	
	运动情况	
	睡眠质量	
	心理健康	
健康风险评估和建议		
制订健康管理计划		
撰写报告		
定期更新和跟进		

注:本报告为参考建议,具体健康管理措施请在医生指导下进行。

检查评估

照护人员根据表1-3-7中的检查项目进行自我检查,并将检查结果和自我点评记录在表中。

表1-3-7 居家老年人健康监测与评估检查记录表(照护人员自查)

序号	检查项目	检查结果	自我点评
1	是否穿工作服并保持服装整洁	是□ 否□	
2	操作前是否清洗双手并进行手部消毒	是□ 否□	
3	是否与照护对象及家属进行沟通并告知相关事宜	是□ 否□	
4	使用设备前是否进行安全检查	是□ 否□	
5	是否按照标准步骤进行操作	是□ 否□	
6	是否完成操作记录	是□ 否□	

照护对象根据表1-3-8中的检查项目对照护人员的服务情况进行检查,并将检查结果和结果点评记录在表中。

表1-3-8 居家老年人健康监测与评估检查记录表(照护对象点评)

序号	检查项目	检查结果	结果点评
1	是否清楚说明病史采集、体格检查及风险筛查与评估的目的与意义	是□ 否□	
2	操作前是否清洗双手并进行手部消毒	是□ 否□	
3	操作前是否询问有无排泄等特殊要求	是□ 否□	
4	服务态度是否和蔼,语言是否亲切	是□ 否□	

教师根据表1-3-9中的检查项目对照护人员的任务完成情况进行检查,并将检查结果和结果点评记录在表中。

表1-3-9 居家老年人健康监测与评估检查记录表(教师点评)

序号	检查项目	检查结果	结果点评
1	是否按时完成任务	是□ 否□	
2	团队协作是否顺畅	是□ 否□	
3	设备、用具及用品是否整理恢复	是□ 否□	
4	实训床位及实训室是否整理干净	是□ 否□	
5	工作页填写是否准确、完整	是□ 否□	

任务小结

- 居家老年人健康监测与评估
  - 使用居家智能终端设备采集健康数据
    - 居家智能终端设备
    - 健康数据采集概述
    - 健康数据采集及注意事项
    - 生命体征检测一体机
  - 老年人健康监测
    - 老年人健康标准
    - 老年人健康监测概述
    - 老年人健康监测及注意事项
    - 老年人健康指标监测表
  - 老年人健康评估
    - 老年人健康评估相关概念
    - 老年人健康评估要求
    - 老年人健康分级标准
    - 老年人健康评估规范
    - 老年人健康评估及注意事项

任务四　居家老年人安全监护与预警干预

教学资源

任务导入

场景：某街道智慧养老综合服务中心

人物：王奶奶、王奶奶的儿子张先生、养老管家小李

情节：王奶奶，75岁，身高157 cm，体重54 kg，退休大学教师，单独居住，儿子张先生长期在外地工作。近些年，随着年龄的增大，王奶奶身体状况大不如从前，独居在家时，她及家属最担心的事情是在家里摔倒起不来，甚至突发急病不能被及时发现送医。于是，张先生带着王奶奶来到智慧养老综合服务中心寻求帮助，他们希望能够解决王奶奶独居在家的安全监护问题。养老管家小李需要对王奶奶进行安全监护与预警干预。如果你是养老管家小李，应如何开展工作？

任务目标

- 能够根据居家智能监控设备的使用方法及原理，完成居家老年人安全数据采集。
- 能够使用居家养老服务平台安全监测数据，完成老年人安全预警干预。

任务实施

（一）居家智能监控设备的应用

1.知识学习

数据采集指通过传感器、磁卡片、RFI技术等装置或技术，获取用户的线下行为数据，建立用户的行为数字数据库。数据采集是判断居家老年人安全状态，建立安全预警模型的基础。基于大数据分析技术，我们可

以通过多样化手段进行数据采集，居家安全监护数据采集一般通过感知设备采集。感知设备数据采集是指通过传感器、摄像头和其他智能终端自动采集信号、图片或录像来获取数据。居家老年人安全包括健康监测、居住安全、防走失等，这就需要配合智能安防设备、定位技术、健康监测设备进行数据的收集。

(1)智能监控摄像头的应用

1)种类

智能监控摄像头种类繁多，根据分析指标的不同，可分为人脸/人像分析指标、车辆分析指标和事件分析指示器三大类型。人脸/人像分析指标的智能监控摄像头可以实现人脸、人像等目标信息的自动检测与识别分析。车辆分析指标的智能监控摄像头，具备自动检测、识别车辆和交通流状态等交通目标信息的能力。事件分析指示器的智能监控摄像头，能够自动检测和分析场景中的行为事件，包括区域异常闯入行为等。

2)工作原理

当家中有高龄老年人时，可安装具备事件分析指示器的智能监控摄像头对居家老年人的行为进行监控。其工作原理是当监控画面中有人走过时，摄像头自动捕捉其运动轨迹并追踪跟拍，通过终端App将信息第一时间推送至监控手机和居家养老服务平台。智能监控摄像头检测到人形时，自动识别聚焦与数倍放大，画中画特写追踪，从而达到区域侦测、跌倒检测的目的。智能监控摄像头的双向语音设计可以使子女了解老年人状况，实现实时与老年人通话，沟通老年人的问题。

3)功能

①一键呼叫和双向语音功能：允许用户通过点击摄像头上的电话按钮来主动发起语音通话，方便随时沟通。

②区域检测功能：可以在可视范围内设定检测区域，当区域内出现人形或长时间无人出现时都会发出告警提醒。

③异常声音检测功能：可以在老年人摔倒呼救时，第一时间发出告警。

④跌倒检测功能：可以在监控画面中出现有人摔倒不起的行为时，进行识别并发出告警。

⑤电器智能管理功能：可以在发生火灾时，及时发现并预警，提醒相关人员及时处理，避免损失。

智能监控摄像头功能如图1-4-1所示。

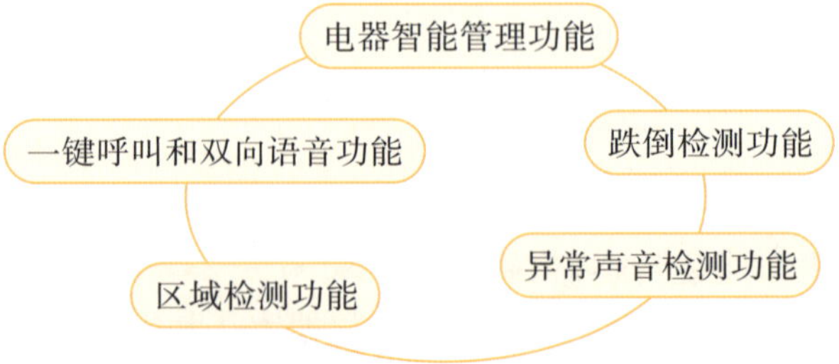

图1-4-1　智能监控摄像头功能

温馨提示

○智能监控摄像头可以与智能手表配合使用，通过一键呼叫触发通信功能；作为居家数据网管，实现家庭网络与互联网的通信；跟燃气、烟雾报警器对接，实现报警功能；作为远程控制主机遥控灯光、空调等。

4)使用方法

智能监控摄像头通常选择摆放、壁装、吊装三种方式,可以根据家中具体情况来选择。监视范围应覆盖需要监控的区域,保证视野开阔、无遮挡。安装高度要适中,不宜过低也不宜过高。室内离地不宜低于2.5 m,室外离地不宜低于3.5 m。安装位置应便于维护和检修,同时也要考虑未来可能的需求变化。安装完成后,通过Wi-Fi网络将智能摄像头与手机连接。首先,在手机上安装并启动对应的监控摄像头App。其次,通过扫描二维码或者输入摄像头UID将摄像头添加到家属的手机App中。最后,点击与手机连接的摄像头,设置警报频率、运动检测模式的监控预警参数。

智能监控摄像头如图1-4-2所示。

图1-4-2　智能监控摄像头

(2)智能可视门铃的应用

如果需要监控居民楼内的走廊过道,由于涉及公共区域隐私问题,一般建议选择智能可视门铃/智能猫眼,相对更为隐蔽和容易被接受。

智能可视门铃内置人体感应、移动侦测,除了有传统门铃的功能,通过手机App的设置之后,也具备实时查看、监控、双向通话、实时录像、异常警告等监控的特点。智能可视门铃安装完成后,通过Wi-Fi网络将其与手机连接。手机上下载并安装对应App,按照App里的步骤操作即可。

(3)环境安全报警器的应用

在厨房安装可燃气体报警器、智能烟雾报警器,在卫生间安装智能水浸报警器,可以为老年人营造一个更加安全的居家环境。

1)可燃气体报警器

在厨房加装联网型可燃气体报警器,可以在一定空间内进行燃气监测,一旦燃气浓度达到报警设定值,安装在厨房的传感器便会响起警报提醒老年人、通知居家养老服务平台及家属。

可燃气体报警器探测器的安装要选择一个尽可能靠近燃气管道或燃气设备的位置，可燃气体报警器需要安装在距离气源1~4 m处、离地面1.5 m以上和离天花板0.3 m以下的位置，避免太高或者太低对检测效果产生影响。为了正确使用气体报警器及防止气体报警器故障的发生，禁止安装在直接受蒸气、油烟影响的地方；给气口、换气扇、房门等风量流动大的地方；水汽、水滴多的地方（相对湿度≥95%）；温度在-40 ℃以下或55 ℃以上的地方；有强电磁场的地方。

可燃气体报警器安装位置示意图如图1-4-3所示。

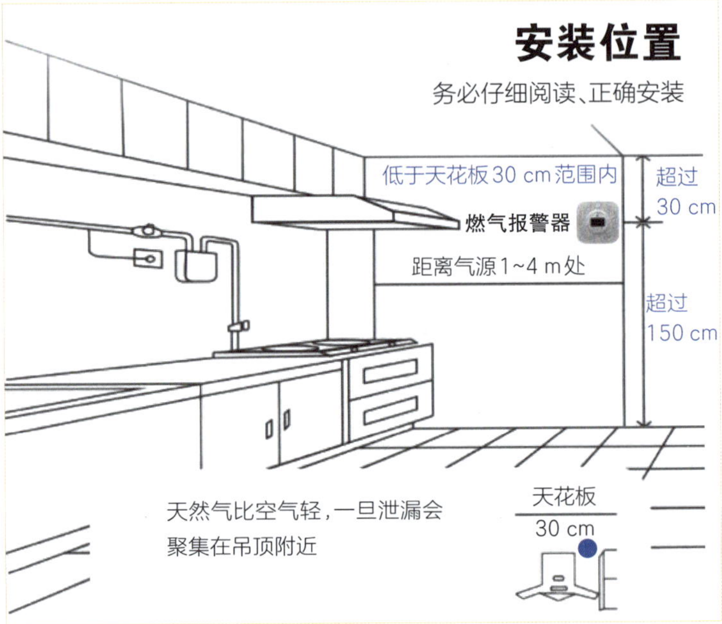

图1-4-3　可燃气体报警器安装位置示意图

2）智能烟雾报警器

在厨房烟雾浓度达到报警值时，智能烟雾报警器就可以发出警报声音，手机也会同步收到通知。智能烟雾报警器如图1-4-4所示。

图1-4-4　智能烟雾报警器

智能烟雾报警器必须安装在天花板，不能安装在墙壁，更不能放置于台面。安装区域：①饭厅：兼顾了厨房及饭厅区域。一般不放进厨房，避免部分烹饪手法的浓烟导致误报。②客厅：电器集中区域，有长期插电设备。③房间：电器集中区域，有长期插电设备；睡眠区域，避免房门隔音太好，人听不到警报。④自家门口（可选）：公共区域有火情早发现。

3）智能水浸报警器

智能水浸报警器利用液体导电原理进行检测。正常时两极探头被空气绝缘；在浸水状态下探头导通，传感器输出干接点信号。当检测到漏水和浸水，并在探头浸水高度约1 mm时，即产生报警信号。产品通过智能物联网将信号传输到居家养老服务平台，实时将漏水信息上报，提醒监测人员及时处理。

智能水浸报警器一般需要安装在可能发生浸水的位置，如洗手间、地下室等处。需要注意，智能水浸报警器的安装位置需要保证能接收到水的实际高度，否则可能会漏报或误报。

安装完成后，下载客户端App，并按App提示要求操作。

（4）智能穿戴设备的应用

智能穿戴设备可以在老年人想要外出的时候实现监护效果。

1）种类

①智能手表：智能手表结合了传统手表的功能和智能设备的特性，可以显示时间、接收通知、监测健康数据、计步、测量心率等。

②智能手环：智能手环类似于智能手表，但通常更简化和轻便。它主要用于监测运动活动、睡眠质量和心率等生理指标，并提供相应的数据报告和提醒功能。

③智能耳机：智能耳机不仅提供音频播放功能，还集成了传感器和智能技术，用于监测用户的健康和活动数据。一些智能耳机还具备语音助手和实时翻译等功能。

④智能服装：智能服装是集成了传感器和电子设备的可穿戴衣物。它可以监测身体姿势、运动活动、呼吸频率等生理数据，并提供健康监测、运动辅助和姿势纠正等功能。

⑤智能鞋垫：智能鞋垫集成了传感器和智能技术，用于监测步态、步数、步行姿势等运动数据，并提供相关的运动分析和健康指导。

2）功能

可穿戴智能设备可以监测和记录用户的健康数据，如心率、睡眠质量、运动情况等。通过对这些数据进行分析，人们可以更好地了解自己的身体状况，及时采取相应的措施，促进健康管理和生活方式改善。以智能手表为例，智能手表是一种集成了计步器、心率监测、GPS定位等功能的智能设备，具有独立的操作系统和App，能够连接智能手机进行数据同步和交互，穿戴后即可获得实时心率、血压和血氧等生理指标数据，以及睡眠质量、运动状况和心率变化等数据，以监测老年人的身体状况以及健康指数，还能提供通话、定位、电子围栏、跌倒检测、SOS紧急呼救等功能。当老年人发生意外情况时，可以通过手表向家人或急救人员发送求救信号，及时得到帮助。

注意事项

○老年人在使用以上智能设备时，可能会存在听力障碍、语言表达不清等情况，护理人员需做好充足的准备。

温馨提示

○在为老年人配置智能设备时，需要耐心向老年人讲解、展示使用方法，确保其能完成必要的操作。

智能手表如图1-4-5所示。

图1-4-5　智能手表

(5)SOS紧急求助报警器的应用

SOS紧急求助报警器可安装在床旁、卫生间、过道等老年人容易跌倒之处，当老年人出现突发情况，可按下报警按钮或拉绳，主机会自动拨打多组电话或在手机、监控平台上接到报警信号，便于及时采取行动进行抢救。

配合烟感、煤气泄漏、门磁等探测感应器还可以扩展防火、防煤气泄漏、防盗报警使用，在防范地点安装好主机后，设置在布防状态。若发生火灾，煤气泄漏或盗贼闯入防范区域，主机立即发出喇叭声报警，并且同时自动拨打预先设置的固定电话或者移动电话通报警情。

SOS紧急求助报警器如图1-4-6所示。

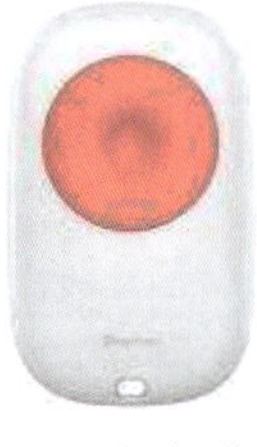

图1-4-6　SOS紧急求助报警器

(6)智能床垫的应用

智能床垫是针对老年人的一款智能监控产品，非穿戴、无束缚，可以实时监测睡眠，包括普通智能床垫和气垫式智能床垫。气垫式智能床垫专为卧床老年人研发，垫体周期性交替充泄气，形成一种模仿波浪轻微起伏的缓慢波动状态，防治卧床老年人褥疮。

1)功能

智能床垫通过光纤传感器、加速度传感器、压力传感器等多传感器协同工作，利用人体心脏跳动产生的细微震动及肺部呼吸产生的起伏，灵敏并精准捕捉到人体的心率、呼吸、体动等健康数据，同时利用人工智能大数据技术实时分析心电数据，得到准确的行为和健康数据，直接反馈给老年人亲属或居家养老中心。

2)工作原理

智能床垫的工作原理是内置的传感器可以实时监测老年人的睡眠状态和身体活动。通过与监测系统的连接,照护人员可以随时获取老年人的睡眠数据和健康状况。例如,床垫能够实时感知床垫上的人体重量、呼吸、心率、体动情况。通过对这些信息的采集和分析,可以实时监测老年人的生命体征、睡眠质量、在床/离床状态、离床次数、离床时间以及体动幅度,以判断老年人的健康状况和潜在疾病风险。一旦出现异常可以主动报警,实现居家养老的安全监护。

3)使用方法

智能床垫使用方便,只需将床垫放于床上,接通电源,连接数据端口,老年人躺在床上,就可通过传感器和算法,自动实时监测老年人呼吸、心跳、体征和睡眠质量,采集到老年人各项数据后,通过算法,直接反馈给老年人亲属或居家养老中心。

根据实际情况与需要,设置报警规则,在不符合规则的异常情形下实时报警:①离床超时未归报警。当老年人离开自己床位(如意外坠床、去洗手间等)超过一定时间,系统会主动报警。②生命体征数据异常报警。当老年人的生命体征出现异常,如心率监测突发异常,系统会主动报警。③异常体动状态报警,比如长时间体动异常,系统将主动报警。④翻身提醒与记录。系统可以设定翻身时间,主动提醒并记录,还可以选配智能尿湿报警垫、紧急呼叫按钮等。

(7)红外人体感知仪的应用

红外人体感知仪基于热成像技术和神经网络算法,通过对人体热力云图的深度应用,识别老年人的体态特征,在有效防止隐私信息泄露的同时,进行实时监测和数据采集、发送,系统分析并判断老年人的行为状态,实现对老年人行为风险的监护,包括离家回家、半夜未归、半夜出门、在床离床、翻身体动、久睡不起、跌倒滞留等多种行为或习惯,必要时会发出预警或警报。

红外人体感知仪工作原理如图1-4-7所示。

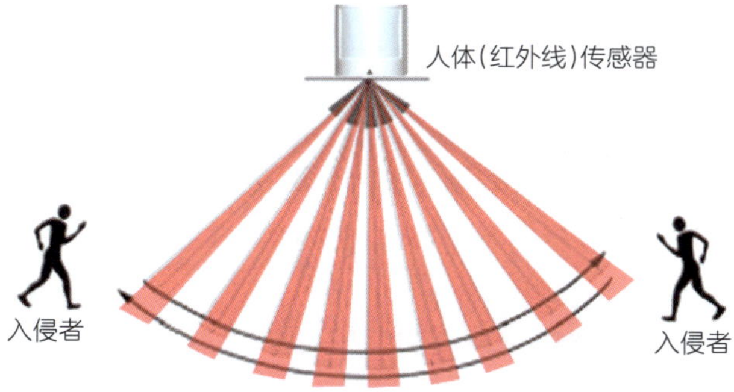

图1-4-7 红外人体感知仪工作原理

(8)跌倒检测雷达的应用

跌倒检测雷达是一种带有智能终端的健康监测装置，提供人体活动范围、停留时间长短记录，对于疑似跌倒动作输出预警判断，例如当老年人在洗手间或厨房长时间保持静止状态，雷达会根据不同时长进行多级报警提醒家人实时关注。一旦老年人在洗手间或厨房发生跌倒，系统会立即通过电话、短信、公众号、App等将报警信息告知其家人或医护人员，让他们及时知晓，并迅速采取抢救方案，适用于相对隐私的浴室卫生间等场景。

跌倒检测雷达信号处理流程如图1-4-8所示。

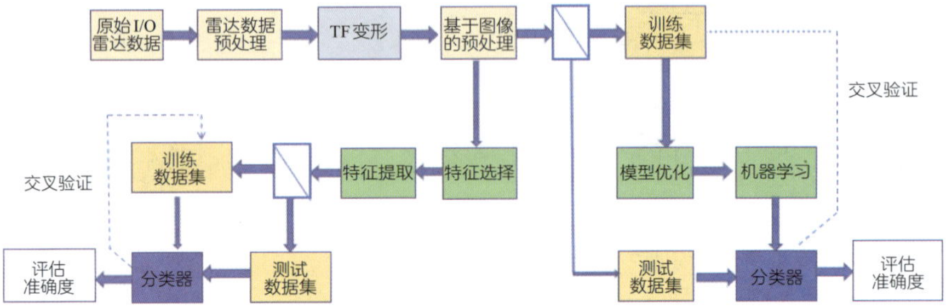

图1-4-8 跌倒检测雷达信号处理流程

2.技能操作

张先生为保障王奶奶居家安全购买了智能监控设备，邀请小李指导工人安装。

(1)操作准备

在进行安全数据采集前，需要做好必要的准备，见表1-4-1。

表1-4-1 安全数据采集前的准备

类别		准备记录
环境准备		□环境宽敞 □光线柔和
操作者准备		□着装整洁 □洗手
用物准备	智能安防设备	□可燃气体报警器 □智能水浸报警器 □智能烟雾报警器 □智能监控摄像头 □红外人体感知仪 □智能可视门铃 □跌倒检测雷达
	定位监控设备	□智能手表 □智能手环 □SOS紧急求助报警器
	健康监控设备	□睡眠监护仪 □智能床垫 □智能血压计

(2)操作过程

1)沟通

在开展居家老年人安全数据采集前,需要先与老年人及其家属沟通,解释信息采集的目的及意义,以及在信息采集过程中需要进行的配合,取得同意和理解。

2)操作实施

根据老年人的基本情况,选择合适的感知设备进行安装。王奶奶神志清楚,高血压20年,年纪比较大,选择可燃气体报警器、智能烟雾报警器、智能水浸报警器、SOS紧急求助报警器、智能监控摄像头、智能床垫、智能手表等感知设备,并将操作过程记录在表1-4-2中。

表1-4-2　居家智能监控设备安装

智能监控设备	安装位置	使用方法
可燃气体报警器		自动检测可燃气体,发出警报,并关闭燃气阀
智能烟雾报警器		自动检测烟雾,发出警报
智能水浸报警器		自动检测漏水和浸水,发出警报
SOS紧急求助报警器		遇到意外情况,可一键报警
智能监控摄像头		实时查看、监控、双向通话、异常声音检测等
智能床垫		人躺床上即可,设置异常报警规则 离床超时_____min未归报警 生命体征数据异常报警。心率___次/min,呼吸___次/min 异常体动持续_____min报警 每间隔____min未翻身提醒与记录
智能手表	穿戴设备	居家或外出时佩戴,可通话、定位、SOS紧急呼救

> **温馨提示**
>
> ○与老年人沟通时应做到爱心、耐心、细心,关爱老年人。讲话音调要根据老年人听力情况随时调整,语速适中。沟通时,时刻关注老年人的反应。

(二)数据采集

1.知识学习

(1)数据采集的概述

1)数据采集的定义及类型

数据采集又叫数据获取,是数据分析的入口,也是数据分析中的重要环节。可以通过各种数据手段,将外部的数据源产生的数据实时或非实时地采集并加以利用。采集的数据包括结构化数据、半结构化数据和非结构化数据。结构化数据是最常见的,指保存在关系数据库中的数据;半结构化数据是介于结构化和非结构化之间的数据,属于结构变化很大的数据;非结构化数据是指数据结构不规则或不完整,没有预定义的数据模型，包括所有格式的传感器数据、办公文档、文本、图片、XML、HTML、各类报表、图像、音频/视频等。

数据采集可以分为传统的数据采集和大数据采集两种类型，大数据采集是在传统的数据采集基础之上发展起来的。

传统的数据采集和大数据采集的区别，见表1-4-3。

表1-4-3 传统的数据采集和大数据采集的区别

类别	传统的数据采集	大数据采集
数据源	来源单一，数据量相对较少	来源广泛，数据量巨大
数据类型	结构单一	数据类型丰富，包括结构化、半结构化和非结构化
数据存储	关系数据库和并行数据库	分布式数据库和分布式文件系统

2）数据采集的要点

①全面性，指数据量足够具有分析价值，数据面足够支撑分析需求。以查看商品详情行为为例，需要采集的数据有用户触发时的环境信息、会话以及背后的用户ID、这一行为在某一时段触发的人数、次数、人均次数、活跃比等。

②多维性，指数据能满足分析需求，即能快速灵活自定义数据多种属性和类型。以查看商品详情行为为例，通过"埋点"，知道用户查看的商品是什么、价格如何、有哪些类型及商品ID等多个属性，从而统计用户看过什么商品、对哪些商品比较感兴趣。

③高效性，指技术执行的高效性、团队内部成员协同的高效性以及数据分析需求和目标实现的高效性，即采集数据要有目的性、高效性和即时性。

3）数据采集的数据源

数据采集的主要数据源有传感器数据、互联网数据、日志文件、企业业务系统数据。传感器是一种检测装置，能够感受到被检测的信息，并将这些信息按照一定的规律变换为电信号或者其他信息输出，以满足信息的传输、存储、处理、显示、记录和控制等。

(2)数据采集的方式

1）业务数据采集

企业每时每刻都会产生业务数据，业务数据采集模式根据数据处理分析的实时性要求，可以分为实时采集和离线采集。实时采集要求实时性非常高，一般需要采用Kafka等实时数据采集工具。采集的数据经过实时提取、清洗、转换、处理，有价值的数据被保存在数据库中，无价值的数据则会被丢弃。离线采集实时性要求不高，对应于传统数据仓库的数据采集模式，数据定时经过离线批量提取、清洗、转换操作，进入数据库保存。

业务数据采集基本过程如图 1-4-9 所示。

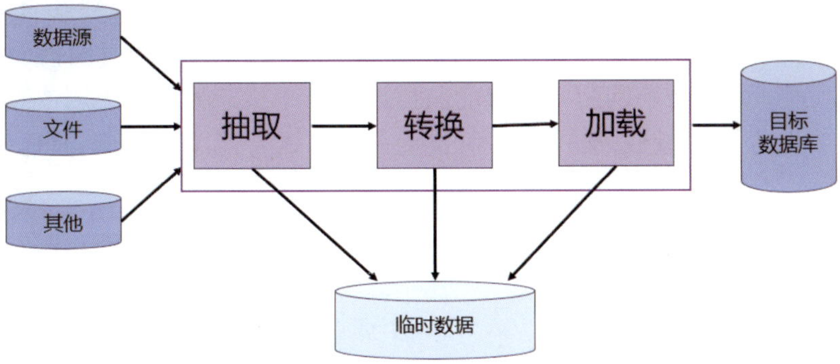

图 1-4-9　业务数据采集基本过程

2)系统日志数据采集

系统日志包括用户行为日志,即采集系统用户使用系统过程中一系列的操作日志;业务变更日志,根据特定业务场景的需要,采集关于某用户在某时使用某功能、对某业务进行某操作的相关信息;系统运行日志,定时采集系统服务器资源、网络及基础中间件情况。系统日志采集采用分布式架构,能满足每秒数百 MB 的日志数据采集和传输需求。目前常用的开源日志采集工具有 Flume、Scribe 等。

系统日志数据采集基本过程如图 1-4-10 所示。

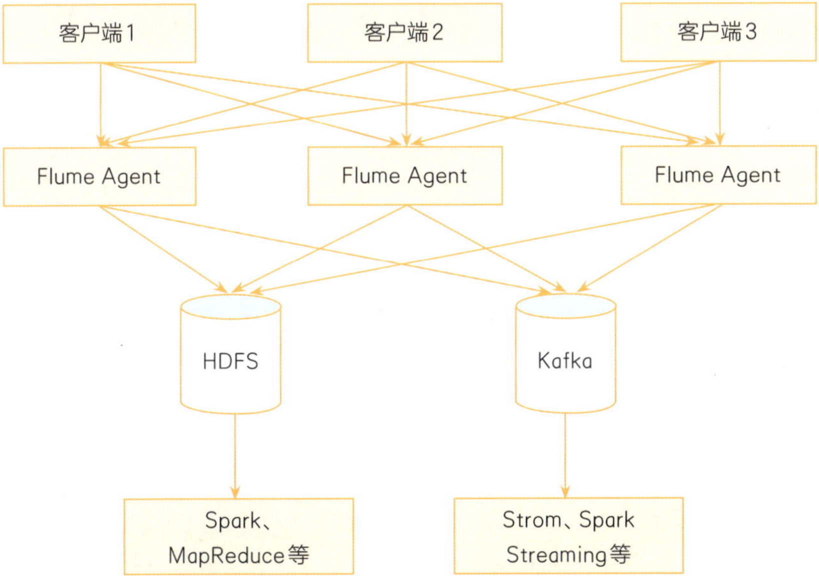

图 1-4-10　系统日志数据采集基本过程

3)网络数据采集

网络数据采集是通过网络爬虫和一些网站平台提供的公共 API(如 Twitter 和新浪微博 API)等方式从网站上获取数据。通过网络爬虫和公共 API 可以将网页中的非结构化数据和半结构化数据提取出来,并将其进行清洗、转换、处理形成结构化的数据,存储在本地数据存储系统中。目前常用的网络爬虫框架有 Apache Nutch、Crawler4j、Scrapy 等。

4)感知设备数据采集

感知设备数据采集是指通过传感器、摄像头和其他智能终端自动采集信号、图片和录像来获取数据。其采集过程为:下载各种智能终端App,通过智能物联网技术将智能监控设备与手机监控软件、监控后台相连接,设置相关参数,启用后即可自动采集。以智能手表为例,具体操作如下:

①扫描设备二维码或者进入应用商店下载智能终端App,并安装于智能手机上。

②打开手机蓝牙、智能设备App,添加设备,进行设备连接。

③穿戴后,即可自动采集心率、运动、血压、血氧、睡眠等数据。

④采集的数据经过处理加工后,在App上显示分析结果。

智能手表数据采集页面如图1-4-11所示。

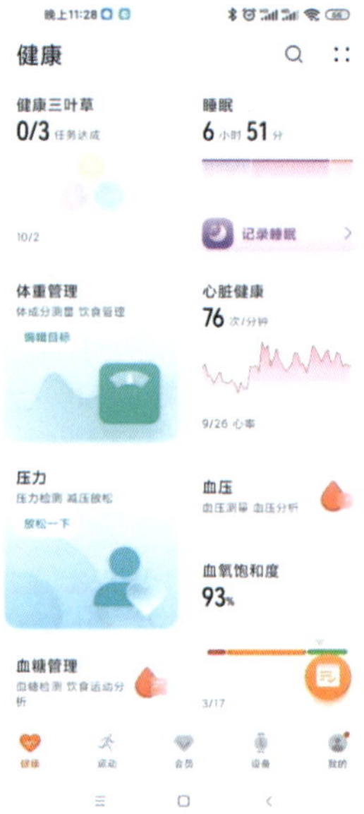

图1-4-11 智能手表数据采集页面

2.技能操作

王奶奶家安装智能监控设备后,小李可以随时采集王奶奶的健康数据。

(1)操作准备

在进行安全数据采集前,需要做好必要的准备,见表1-4-4。

表1-4-4 安全数据采集前的准备

类别	准备记录
环境准备	□环境宽敞 □光线柔和
操作者准备	□着装整洁 □洗手
用物准备	(示例) □智能手机 □蓝牙 □智能终端App

(2)操作过程

1)沟通

在开展居家老年人安全数据采集前,需要先与老年人及其家属沟通,解释信息采集的数据信息、目的及意义,以及在信息采集过程中需要进行的配合,取得同意和理解。

2)操作实施

①下载并安装App,打开手机蓝牙,进行设备连接。

②设置相关参数(如预警值等)。

③告知并指导老年人及亲属使用智能设备:穿戴设备,如智能手表、智能手环直接戴手上,智能床垫只需老年人坐或躺在床上即可自动采集数据等。将采集到的信息填写于表1-4-5中。

④注意事项:智能设备使用过程中,定期检查,以保证设备能够正常进行数据采集,避免出现误差。

表1-4-5　数据采集信息记录表

智能监控设备	数据信息
可燃气体报警器	监测到可燃气体:是　否
智能烟雾报警器	监测到烟雾:是　否
智能水浸报警器	监测到漏水:是　否
SOS紧急求助报警器	紧急报警:是　否
智能监控摄像头	跌倒:是　否 跌倒时间:　次数:　意识状况:　受伤情况:
智能床垫	在床时间:　在床时长: 离床时间:　离床时长: 起夜时间:　起夜次数: 呼吸波动范围: 心率波动范围: 深睡时长:　浅睡时长:
智能手表	步数:　心率:　睡眠时间:

(三)老年人安全预警干预

1.知识学习

(1)安全预警数据分析

安全预警是指充分把握和准确预警可能存在的安全风险动态,以便及时采取控制措施,将安全问题控制在萌芽状态。

基于数据驱动的居家安全预警分析体系是以各种感知设备提供的各类安全监控数据信息为基础,通过数据模型和指标,对老年人居家安全情况进行动态分析,从而详尽地了解老年人居家安全情况并进一步对居家安全进行判断和预警，避免风险发生。例如，通过测量血压和心率，可以及时发现高血压、心律不齐等问题；通过测量体重和BMI，可以及时发现老年人是否肥胖的问题。

以智能床垫为例，智能床垫可以提供睡眠安全监测、在/离床行为监测、睡眠服务与建议。

智能床垫睡眠服务如图1-14-12所示。

图1-4-12　智能床垫睡眠服务

基于对老年人在床边照护场景中各种生理指标和行为的持续动态监测，数字化老年人的睡眠体征和卧床行为，实时分析是否存在心率、呼吸、打鼾等异常体征和夜间离床太久、卧床太久等异常行为，并自动触发预警提醒，让护工/家属及时知晓和处理老年人异常状态风险。

睡眠安全预警模型如图1-4-13所示。

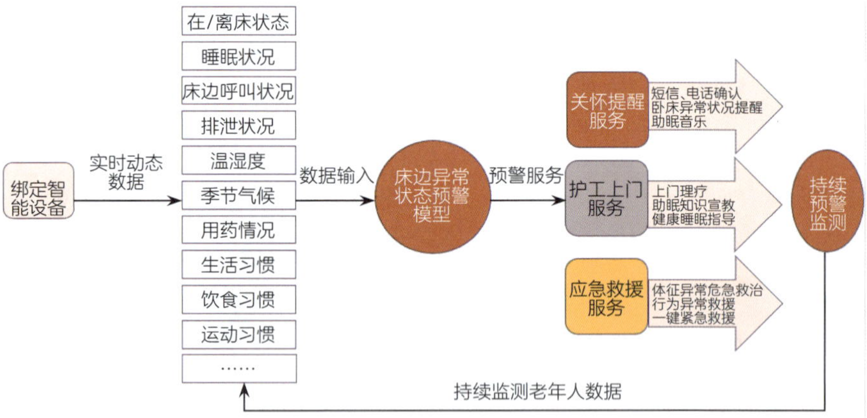

图1-4-13　睡眠安全预警模型

(2)老年人安全预警干预方案制订

当发生环境安全风险(如浸水、烟火灾、燃气泄漏)时，智能设备实时报警，提醒老年人消除或躲避风险。警情同步上报至居家养老服务平台，平台先将风险信息通过小程序和电话通知家属或其他监护人，提醒家属消除风险。同时，实时关注警情动向，如果警情超时仍无响应，平台派发工单给上门服务人员，开展上门消警。

当发生行为风险（如老年人跌倒、卫生间滞留、长时间无正常活动、深夜未归、半夜外出、忘关门窗、紧急报警）时，智能设备实时报警至平台，平台调度人员第一时间核实警情，并根据具体事件对老年人家属进行电话提醒，紧急时开展上门救援服务，并跟踪服务过程，保障老年人安全。

居家安全预警干预流程如图1-4-14所示。

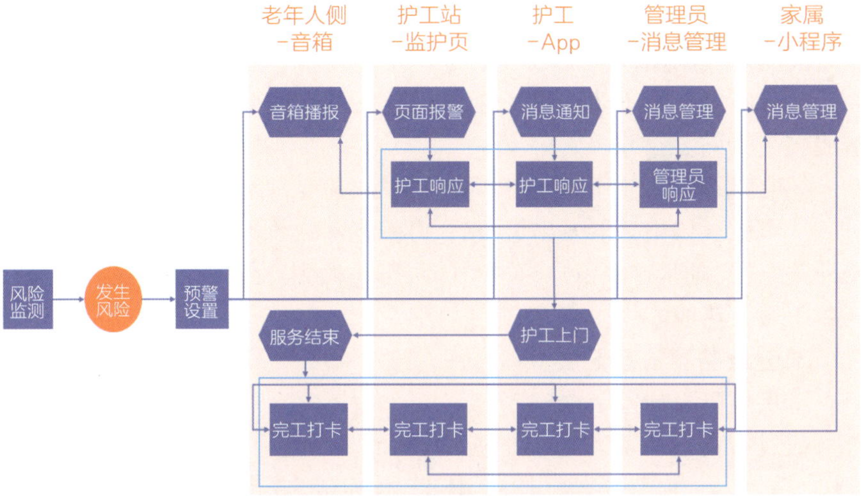

图1-4-14　居家安全预警干预流程

1）跌倒干预

①预防跌倒安全教育

A.告知老年人醒后应卧床半分钟再坐起，坐起半分钟再站立，站立半分钟再行走。

B.预防身体机能退化，如有远视、近视、散光等问题的老年人应佩戴合适的眼镜，听力下降者应佩戴助听器。

C.着装宜舒适合体。裤腿不要过于肥大或过长，鞋子应大小合适，尽量别穿系带的鞋。此外，应注意居家环境、室内光，注意脚下障碍物，尽量不要坐软沙发。

D.告知老年人用药安全。服用降压药后应观察血压变化，使用降糖药后应观察有无低血糖反应，使用安眠药后应立即卧床休息。

E.地面干燥无障碍，不要轻易改变老年人房间的格局，防止晚上起夜时，老年人因不熟悉而摔倒。

②跌倒后处理

A.告知老年人不要着急爬起来，保持冷静，如果受了伤，通过智能摄像头、SOS紧急求助报警器、智能手环等发出帮助请求，以免自己爬起来时加重损伤。

B.告知老年人不要急着在损伤部位进行搓、揉、压或热敷等，这样会加重损伤部位出血、肿胀。

C.发现老年人摔倒时，照护人员要先观察其表情、神态，如神志清醒，

微课 居家长者
跌倒干预

先询问摔倒的原因，然后给予救护。例如老年人心绞痛，可先让其服下急救药，再视情况送往医院；老年人昏迷或有语言障碍，应立即拨打急救电话；老年人呕吐，应将其头部转向一边，以防呕吐物反流入呼吸道引起窒息。搬动老年人时，动作宜缓慢、平稳，最好让老年人保持平卧。

2）环境预警干预

①老年人使用燃气时，叮嘱老年人千万不要回房间看电视、打电话等，要守着燃气灶，避免汤水溢出、意外熄火等安全事故。用完燃气后应及时关闭燃气阀门。

②叮嘱老年人不要在燃气管道上挂物品，以免管道变形，严重的话会造成燃气泄漏。

③叮嘱老年人使用燃气时不要关门窗，避免缺氧造成人员伤害。

④可燃气体报警器发出警报后，叮嘱老年人千万别慌，别动明火也不要开关电器，赶紧打开窗户，关掉气源，迅速撤到户外安全地，拨打燃气公司24 h服务热线。

3）健康监测预警干预

①疾病风险预警干预

通过智能设备和传感器的应用，实时监测老年人的健康指标，如血压、血糖、血氧、血脂、心率、体温、体脂、体重等，并进行数据分析和评估，判断老年人的健康状况和潜在疾病风险。一旦发现异常情况或潜在风险，居家养老服务平台会及时发出预警，并通知医护人员和照护人员，以便他们及时采取措施，防范或治疗疾病，避免疾病进一步恶化。健康监测体验流程如图1-4-15所示。

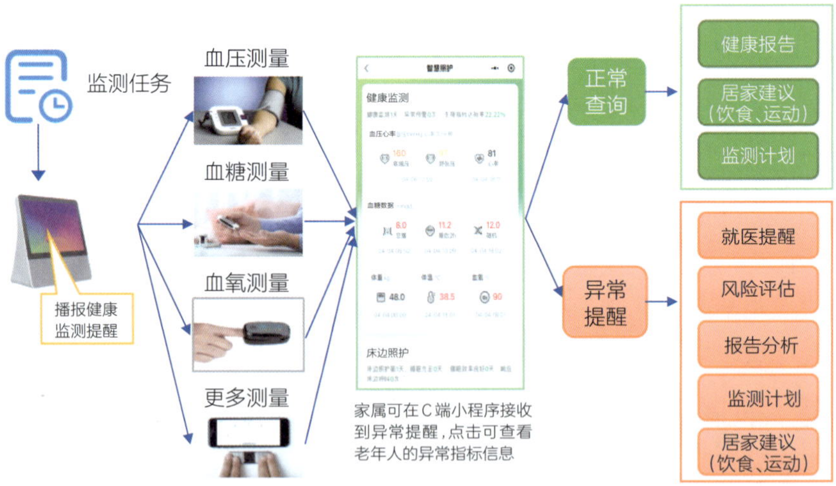

图1-4-15　健康监测体验流程

②睡眠预警干预

通过为居家老年人安装睡眠监测设备，对老年人的在/离床、体动、呼吸、心率、深睡、浅睡进行监测。当发现老年人夜间离床超时、清晨久睡不起、白天卧床时间过长时，通过智能音箱实时提醒老年人归床、起床以及下床活动。如果老年人不能即使响应，平台则提供人工电话提醒，必要时进行上门核实和关怀服务。

当发现老年人睡眠过程中存在异常体征，应记录老年人的异常数据，数据轻微异常时记录在睡眠报告中，数据严重异常时，提供实时安全干预，保障老年人睡眠安全。

每天早上，提供前一天的睡眠评估报告，记录睡眠的体征波动、深浅睡时长、起夜次数等，并据此提供睡眠建议，包括睡眠作息建议与提醒、助眠课程、助眠饮食与运动等。同时，将睡眠报告发送至C端小程序和B端业务系统。睡眠服务体验流程如图1-4-16所示。

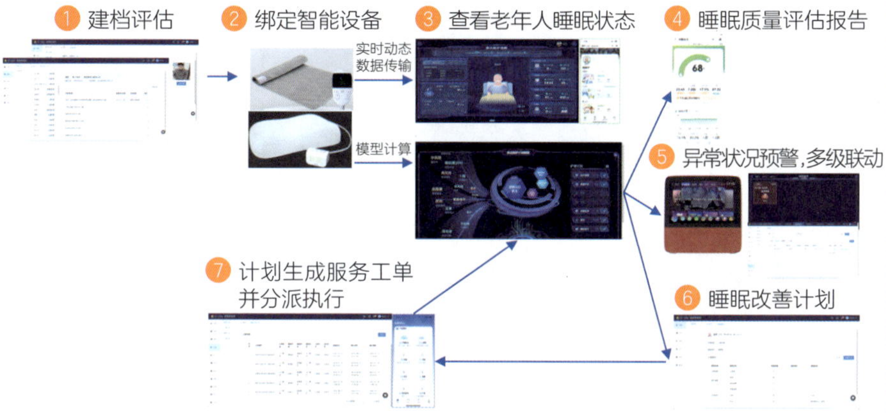

图1-4-16 睡眠服务体验流程

③用药依从性预警干预

智能药盒可以设定药物提醒功能，确保老年人不会错过服药时间，从而避免因漏服或错误服药而导致的健康问题。同时，智能药盒还可以记录老年人的用药计划，并将相关数据同步到居家养老服务平台。这样，医护人员可以随时查看老年人的用药记录，及时发现和解决用药问题，提供个性化的医疗服务。

2.技能操作

(1)操作准备

在进行安全预警干预方案制订前，需要做好必要的准备，见表1-4-6。

表1-4-6 安全预警干预方案制订前的准备

类别	准备记录
环境准备	□宽敞整洁 □光线明亮 □温湿度适宜 □地面平坦、无障碍物
操作者准备	□着装整洁 □洗手
老年人及家属准备	□舒适体位 □需要进行的配合
用物准备	□计算机 □打印机 □智能设备安装资料 □笔

温馨提示

○智能药盒只是辅助工具，不能完全依靠它，老年人和服务人员是主导。

注意事项

○在制订安全预警干预方案前需询问老年人是否有特殊要求，是否需要协助，为安全预警干预方案制订做好准备工作。

温馨提示

○操作者应衣冠整洁，态度和蔼，语气温和，尽量避免使用专业术语进行沟通。

(2)操作过程

1)沟通

在进行安全预警干预方案制订前,需要先与老年人及家属沟通,解释制订方案的目的及意义,以及需要进行的配合。

2)操作实施

为王奶奶制订具体的安全预警干预方案,并将干预内容、干预措施填写在表1-4-7中。

表1-4-7 安全预警干预方案

类别	干预内容	干预措施
跌倒干预	预防跌倒安全教育	
	跌倒后处理	
环境预警干预		
健康监测预警干预	疾病风险预警干预	
	睡眠预警干预	
	用药依从性预警干预	

检查评估

养老管家根据表1-4-8中的检查项目进行自我检查,并将检查结果和自我点评记录在表中。

表1-4-8　居家老年人安全监护与预警干预检查记录表(养老管家自查)

序号	检查项目	检查结果	自我点评
1	是否穿工作服并保持服装整洁	是□　否□	
2	智能监控设备安装位置是否合理	是□　否□	
3	手机App下载流程是否熟悉	是□　否□	
4	手机App使用是否熟练	是□　否□	
5	老年人安全预警干预方案制订是否完成	是□　否□	
6	操作记录是否完整	是□　否□	

服务对象根据表1-4-9中的检查项目对养老管家的服务情况进行检查,并将检查结果和结果点评记录在表中。

表1-4-9　居家老年人安全监护与预警干预检查记录表(服务对象点评)

序号	检查项目	检查结果	结果点评
1	服务态度是否和蔼,语言是否亲切	是□　否□	
2	智能设备操作讲解是否熟练	是□　否□	
3	信息采集流程讲解是否掌握	是□　否□	
4	睡眠安全预警讲解是否清楚	是□　否□	
5	是否充分讲解风险评估结果及健康干预方案	是□　否□	
6	是否协助健康干预方案的实施	是□　否□	

教师根据表1-4-10中的检查项目对养老管家的任务完成情况进行检查,并将检查结果和结果点评记录在表中。

表1-4-10　居家老年人安全监护与预警干预检查记录表(教师点评)

序号	检查项目	检查结果	结果点评
1	是否按时完成任务	是□　否□	
2	团队协作是否顺畅	是□　否□	
3	设备、用具及用品是否整理恢复	是□　否□	
4	实训工位及实训室是否整理干净	是□　否□	
5	工作页填写是否准确、完整	是□　否□	

任务小结

- 居家老年人安全监护与预警干预
  - 居家智能监控设备的应用
    - 智能监控摄像头的应用
    - 智能可视门铃的应用
    - 环境安全报警器的应用
    - 智能穿戴设备的应用
    - SOS紧急求助报警器的应用
    - 智能床垫的应用
    - 红外人体感知仪的应用
    - 跌倒检测雷达的应用
  - 数据采集
    - 数据采集的概述
    - 数据采集的方式
  - 老年人安全预警干预
    - 安全预警数据分析
    - 老年人安全预警干预方案制订

任务五　居家养老服务数据分析与改进方案制订

教学资源

任务导入

场景：某街道智慧养老综合服务中心

人物：养老管家小李

情节：小李是某街道智慧养老综合服务中心的养老管家，现在要求小李对服务中心提供的居家养老服务进行统计分析，形成可视化数据，用以进行居家养老服务评价，并制订改进方案。

任务目标

- 能够根据大数据处理的基本知识，完成平台大数据处理、可视化表达、数据统计分析等。
- 能够根据服务数据分析结果，制订服务改进方案。

任务实施

（一）居家养老服务数据分析

1. 知识学习

数据分析和数据可视化领域在当今信息时代越来越重要。随着大数据的出现，各行各业都面临着海量数据的处理和利用问题。数据分析是通过对收集到的原始数据进行整理、清洗、转换和建模等一系列操作，以获取有用信息并做出相关决策的过程。它可以揭示出隐藏在大量数据背后的规律、趋势和关联性。数据可视化是将抽象的数据以图形方式展示，帮助用户更好地理解和分析数据。通过可视化手段，可以呈现数据的模式、趋势和关联性，使得数据更具意义。两者相互促进、互相配合，使得信息化时代下的决策和管理更加科学、准确和高效。

(1)数据可视化目的

数据可视化是指将大数据分析和预测结果以计算机图形或图像的形式展示给用户,并能与用户交互的过程。它可以帮助用户更好地理解数据,发现数据中的规律和趋势,更好地支持决策。同时,帮助用户更好地发现数据中的异常和问题,从而及时采取相应的措施,保证业务稳定和持续发展。

(2)数据可视化步骤

1)明确可视化目标

在进行数据可视化之前,需要明确可视化的目标。数据可视化的目标可以是展示数据趋势、比较不同数据集、发现数据中的模式、关联性、分布、异常值等。例如:通过数据可视化展示老年人居家养老服务需求的变化情况、了解用户行为、观察市场趋势等。只有明确了目标,才能更有针对性地收集和处理数据,并得出有效的结果。

2)收集数据

收集数据是数据可视化最为重要的一步。数据来源可以是各种数据库、文件、调查问卷等,采集的数据包括RFID数据、传感器数据、用户行为数据、社交网络数据及互联网数据等海量数据。为保证数据质量,需要注意数据采样的大小、取样精确度、数据完整性等相关问题。收集数据的方式要视情况而定,有时会采用自动化的数据抓取工具,而有时也需要进行实地考察和手动整理等操作。

3)处理数据

处理数据是数据可视化过程中的另一个关键步骤。数据源采集的原始数据一般都是"脏"的,"脏"就是指数据不正常,会影响后续数据存储和处理过程,甚至影响数据分析的准确性。比如数据缺失、数据值异常、不正确的同一个实体在不同的数据源中描述不一致、数据的不同属性间相互关联而导致冗余、数据属性的值过大或过小而不适合当前的分析任务、数据格式不符合要求等,这时候就需要对原始数据进行数据预处理操作,以确保数据的准确性和完整性。这一步通常包括数据清洗,去除缺失值、异常值和重复值,并对数据进行必要的集成、转换和脱敏。

数据预处理过程如图1-5-1所示。

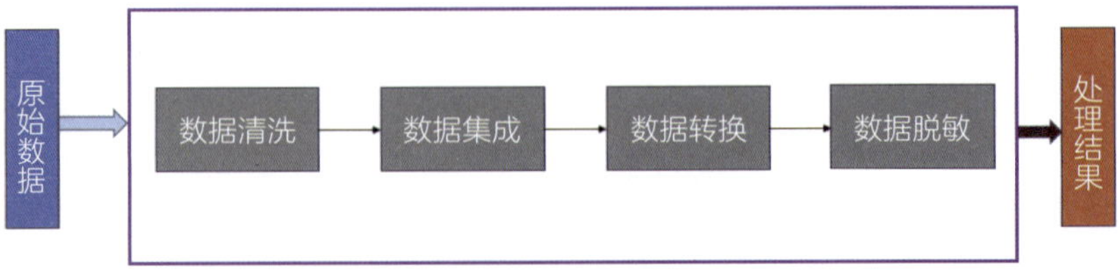

图1-5-1 数据预处理过程

①数据清洗

A. 数据清洗实现方式

数据清洗主要是对缺失数据和异常值数据进行处理。数据清洗实现方式包括手工清洗和自动清洗，如图 1-5-2 所示。

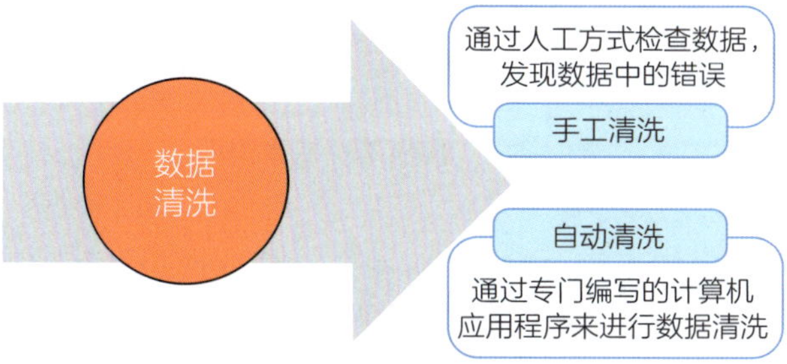

图 1-5-2　数据清洗实现方式

B. 数据清洗内容

缺失数据就是数据值为空，比如爬取数据时，发现有多个记录中的某一列为空，这就是缺失数据。对缺失数据最简单的处理方式是丢弃该条记录，但是当缺失值较多、丢弃数据量很大时，就必须填补缺失数据。

异常值数据就是数据值处于非正常状态，包括超出正常范围、逻辑上不合理、相互矛盾的数据，比如 1 个人的年龄为负值，或者某个数据值超出整个平均值很多。这个时候需要对异常数据进行更改纠正，或者丢弃。

数据清洗内容见表 1-5-1。

表 1-5-1　数据清洗内容

类别	具体内容
缺失值处理	估算：用某个变量的样本均值中位数或众数代替缺失值
	整列删除：删除含有缺失值的样本。只适合关键变量缺失，或含有异常值或缺失值的样本比重很小的情况
	变量删除：适用于某一变量的缺失值很多，且该变量对于所研究的问题不重要的情况
	成对删除：用特殊码 9、99、999 等代表缺失值，同时保留数据集的全部变量和样本
异常值处理	列出问卷序号、记录序号、变量名称、错误类别等
数据类型转换	需明确每个字段的数据类型，并对数据类型进行统一
重复值处理	数据重复性检验，如存在重复值需要进行重复值删除

C. 数据清洗基本流程

首先，对原始数据源中存在的数据质量问题进行检测分析。再根据“脏数据”情况，制定策略和规则，选择合适的算法，自动检测属性错误和重复记录，某些特定领域根据发现的错误模式通过编制程序或者借助于外部标准数据源文件、数据字典等修正，或者自动修正。最后用干净的数据替代原始数据源中的“脏数据”。

数据清洗基本流程如图1-5-3所示。

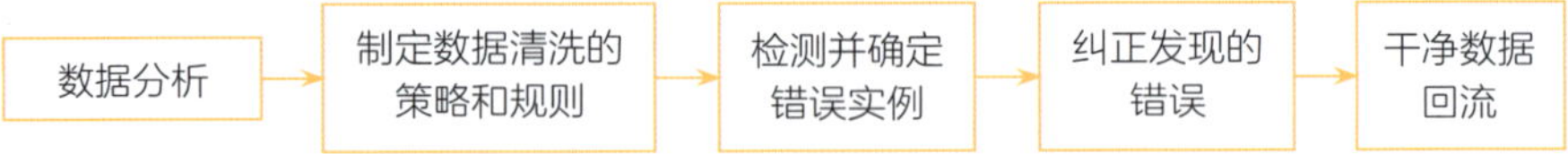

图1-5-3　数据清洗基本流程

D.数据清洗注意事项

数据清洗时，优先进行缺失值、异常值和数据类型转换操作，再进行重复值处理。数据清洗前，应查看数据表，了解表的结构和发现需要处理的值。总数据量较大时，可删除异常数据。总数据量较小时，找相关数据填充。导入数据表前，需要将所有列一个个地进行清洗，保证数据处理的彻底性。

②数据集成

数据集成是指将来自多个不同数据源的数据合并在一起并形成一个统一数据集合，放到一个数据库进行存储的过程。在进行数据集成时可能会出现如下问题：

A.异名同义

异名同义指两个数据源某个属性名字不一样但所代表的实体一样。

B.数据冗余

数据冗余，如同一属性在多个数据源都有出现，数据集成合并时该属性会多次出现，但属于重复出现，实际只需要出现一次；某些统计信息（平均值、最大值、最小值等），可以根据具体值算出来的，不需要进行单独存储。

C.数据表示不一样

数据表示不一样，如各个数据源字符编码不一样等，数据集成需要统一数据单位。

③数据转换

数据转换就是将数据转化成适当的形式，以满足后续数据处理或数据分析的需要。比如数据的归一化处理、平滑处理和连续属性值离散化处理等，数据转换多用于机器学习前期的数据处理。数据转换策略包括平滑处理、聚集处理、属性构造处理、规范化处理和数据泛化处理。不同的数据转换策略见表1-5-2。

表1-5-2　不同的数据转换策略

转换策略	具体内容
平滑处理	常用方法：分箱、回归和聚类
聚集处理	对数据进行汇总操作。这一操作常用于构造数据立方体或对数据进行多粒度的分析

续表

转换策略	具体内容
属性构造处理	根据已有属性集构造新的属性，后续数据处理直接使用新增的属性
规范化处理	常用的数据规范化处理方法包括Min-Max规范化、Z-Score规范化和小数定标规范化等
数据泛化处理	用更抽象（更高层次）的概念来取代低层次概念的数据对象

④数据脱敏

数据脱敏是在给定的规则、策略下对敏感数据进行变换、修改的技术机制，能够在很大程度上解决敏感数据在非可信环境中的使用问题。它可根据数据保护规范和脱敏策略，对业务数据中的敏感信息自动变形，从而实现隐藏和保护敏感信息。涉及客户安全数据或商业敏感数据时，在不违反系统规则的条件下，可以对身份证号、手机号、卡号、客户号等个人信息进行数据脱敏。数据脱敏不是数据预处理的必需环节，可根据业务需求自行选择。常见的脱敏方法包括替换、加密、掩码屏蔽、随机化、偏移和取整、灵活编码等，用户也可以根据期望的脱敏算法自定义脱敏规则。数据脱敏方法见表1-5-3。

表1-5-3 数据脱敏方法

脱敏方法	举例
替换	手机号码统一替换为“1390×××××××”
加密	将地址的值替换为“×××××××”
掩码屏蔽	将证件号码变为“220524××××××××0254”
随机化	用随机生成的姓和名代替真值
偏移和取整	“2018-01-02 8:12:25”变为“2018-01-02 8:00:00”
灵活编码	用固定字母和固定位数的数字替代合同编号真值

数据脱敏原则包括保持原有数据特征、保持数据之间的一致性、保持业务规则的关联性和多次脱敏之间的数据一致性。

知识拓展

为了规范数据处理活动，保障数据安全，促进数据开发利用，保护个人、组织的合法权益，维护国家主权、安全和发展利益，2021年6月10日第十三届全国人民代表大会常务委员会第二十九次会议通过《中华人民共和国数据安全法》（下文以《数据安全法》简称），并自2021年9月1日起施行。《数据安全法》规范了数据处理，包括数据的收集、存储、使用、加工、传输、提供、公开等。数据安全，是指通过采取必要措施，确保数据处于有效保护和合法利用的状态，以及具备保障持续安全状态的能力。同时规范了数据安全保护义务和相关法律责任。

4)选择可视化工具

根据可视化目的及需要实现的功能选择合适的可视化工具。常用的可视化工具包括Tableau、PowerBI、Matplotlib、D3.js、Excel等,每种工具都有其特点和适用范围。例如,Tableau适合处理较为复杂的数据,并提供交互式的可视化,而Matplotlib则适合用于Python编程语言下的数据可视化。

5)选择可视化类型

根据数据类型和目标,选择合适的可视化图表类型,如柱形图、折线图、饼图、散点图等。不同的目标需要选择不同的可视化方式。例如,用折线图展示时间序列数据的趋势,用散点图展示两个变量之间的关联性等。

数据可视化根据数据维度或属性进行筛选,根据目的和用户群选择表现方式。同一份数据可以可视化成多种不同的形式:观测、跟踪数据时,强调实时性、变化、运算能力,可生成一份不停变化、可读性强的图表;分析数据时,强调数据的呈现度,可生成一份可以检索、交互式的图表;挖掘数据之间的潜在关联时,可生成分布式的多维图表;帮助普通用户或商业用户快速理解数据的含义或变化时,可利用漂亮的颜色、动画创建生动、明了、具有吸引力的图表。

图表建议—思维指南如图1-5-4所示。

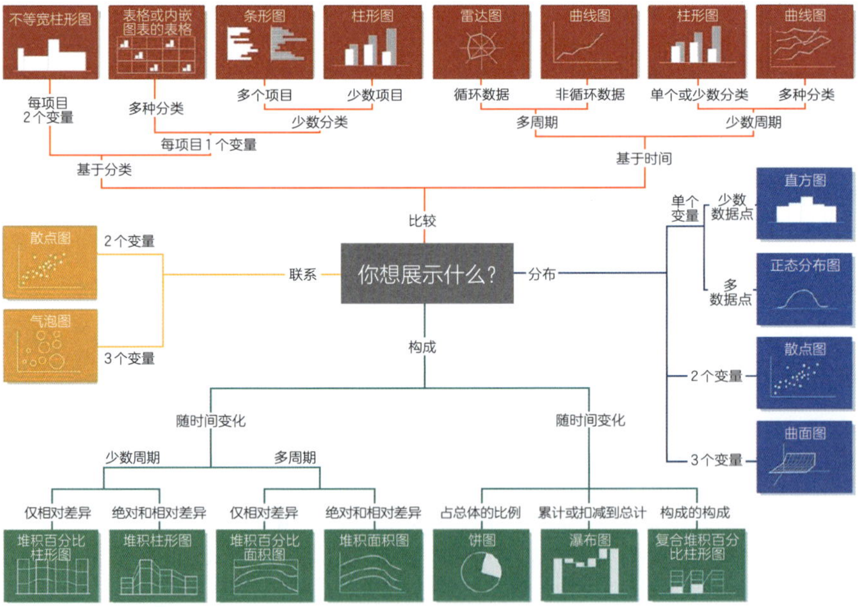

图1-5-4　图表建议—思维指南

6)创建可视化

使用数据可视化工具或编程语言,将数据转换为图形的形式,生成可视化图表。在创建可视化的过程中,需要注意数据的准确性和可读性,以及可视化元素的大小和颜色等。

设计可视化界面时，需要根据数据类型和目标等条件进行设计。在设计过程中，需要考虑颜色搭配、布局、图形元素的使用等问题。设计出尽可能简洁、清晰、易懂的可视化图形。

数据可视化设计技巧：

①选择合适的图表类型。根据数据的类型和特点选择合适的图表类型，如柱状图、饼图、折线图等。

②简化图表。大数据可视化可能包含大量的信息，因此需要简化图表，使其保持简洁和清晰。

③使用颜色。适当使用颜色可以使图表更加直观和易于理解。

④使用交互。使用交互功能，例如滑块和筛选器，可以帮助用户更好地探索数据。

⑤对齐元素。保持图表中元素的对齐可以使图表更加美观。

⑥增加标签。增加标签可以帮助用户理解图表中的信息，利用空间来展示数据，如利用三维图形或者地图来展示数据。

⑦考虑设备。考虑不同设备对图表的支持情况，以确保图表在不同平台上的可视性。

⑧设计统一样式和动画。统一的样式和动画可以使图表更加统一和美观，更加生动和有趣。

⑨使用规范。遵循可视化设计规范，例如使用统一的字体、颜色和图标，可以使图表更加专业。

⑩增加上下文。为图表增加上下文可以帮助用户理解图表中的信息。

⑪使用热区。使用热区可以帮助用户快速定位信息。

⑫考虑用户。在设计可视化时考虑用户的需求和使用习惯，可以使图表更加容易理解和使用。

7)检查可视化

在创建完可视化之后，检查图表中的数据是否准确呈现，确保信息的正确性和可读性，进行必要的调整和优化。

8)展示可视化

将可视化图形展示给相关人员进行评估和改进。通过数据可视化展示，可能会得到新的想法、观点和数据挖掘结果。在这个过程中，需要不断维护和改进数据、调整视觉布局和元素风格、修复错误等。这样的改动有利于不断提升数据可视化的质量、内容和解释效果。

注意事项

○不同的数据可视化项目的具体步骤可能会有所不同，需要根据项目需求和项目类型来确定。

(3)居家养老服务需求数据可视化

以老年人居家养老服务需求数据可视化为例讲解可视化操作过程。

1)明确目标

确定本次数据可视化的目的为分析服务中心的居家养老服务数据，再细分为更详细具体的小目标，例如分析老年人居家养老服务需求的变化情况等。

2)收集数据

老年人居家养老服务需求的变化情况分析需要收集的数据包括近3年内老年人居家养老服务的种类、时间、次数、年龄段、性别、家庭经济水平、自理能力等。

打开服务中心的老年人数据信息,导出相应的Excel表格数据。

3)处理数据

针对Excel表格进行数据清洗、数据转换和数据脱敏,即删除缺失数据、异常数据、重复数据,将老年人的个人信息的敏感数据脱敏,从而得到准确、安全的基本信息数据,见表1-5-4。

表1-5-4 基本信息数据(示例)

姓名	性别	出生年月	家庭地址	联系电话	经济水平	自理程度
张三	男	195209	×街道×小区	1234567××××	4 000元以上	完全自理
李四	男	194402	×街道×小区	1234567××××	4 000元以上	不能自理
王五	女	194704	×街道×小区	1234567××××	3 000~4 000元	不能自理
赵六	男	195808	×街道×小区	1234567××××	1 000元以下	半自理
…	…	…	…	…	…	…

4)选择可视化工具

将数据加以分类整理并挑选出相关信息。例如不同年龄段老年人居家养老服务频次与居家养老服务需求类型关系、老年人自理能力与居家服务需求类型关系等。根据可视化目的及需要实现的功能,选择合适的可视化工具,例如Excel、Python。不同年龄段老年人居家养老服务需求(示例)见表1-5-5。

表1-5-5 不同年龄段老年人居家养老服务需求(示例)

服务时间	姓名	出生年月	年龄段	服务内容	经济水平	自理程度
20230103	张三	195209	70~79岁	日常生活照料	4 000元以上	完全自理
20230103	李四	194402	80岁以上	健康管理	4 000元以上	不能自理
20230103	王五	194704	70~79岁	医疗护理	3 000~4 000元	不能自理
20230103	赵六	195808	60~69岁	精神慰藉	1 000元以下	半自理
…	…	…	…	…	…	…

5)选择可视化类型

选择可视化类型是指根据数据类型选择合适的可视化图表,利用工具将数据和图形相结合,并将可视化图形展示出来。将不同年龄段老年人居家养老服务需求进行统计,可得到不同年龄段老年人居家养老服务需求人次(表1-5-6)。根据比较型数据分析可选择条形图或者柱形图进行可视化。

表1-5-6　不同年龄段老年人居家养老服务需求人次(示例)

服务时间	年龄段	服务内容	服务人次
2023	80岁以上	日常生活照料	21 724
2023	70~79岁	日常生活照料	9 043
2023	60~69岁	日常生活照料	545
2023	60岁以下	日常生活照料	443
2023	80岁以上	健康管理	645
2023	70~79岁	健康管理	433
2023	60~69岁	健康管理	5 677
2023	60岁以下	健康管理	443
2023	80岁以上	医疗护理	54 324
2023	70~79岁	医疗护理	20 748
2023	60~69岁	医疗护理	19 887
2023	60岁以下	医疗护理	14 678
2023	80岁以上	精神慰藉	876
2023	70~79岁	精神慰藉	756
2023	60~69岁	精神慰藉	866
2023	60岁以下	精神慰藉	124

6)创建可视化

以Excel数据可视化工具为例,创建不同年龄段老年人居家养老服务需求类型与人次关系的可视化图表。先将数据导入Excel表格中,见表1-5-7。

表1-5-7　不同年龄段老年人居家养老服务需求类型与人次

年龄段	日常生活照料	健康管理	医疗护理	精神慰藉
80岁以上	21 724	645	54 324	876
70~79岁	9 043	433	20 748	756
60~69岁	545	5 677	19 887	866
60岁以下	443	443	14 678	124

选中所有数据，单击全部图表，选择柱形图或条形图，即可得到柱形图或条形图的可视化图表。创建柱形图如图1-5-5所示。

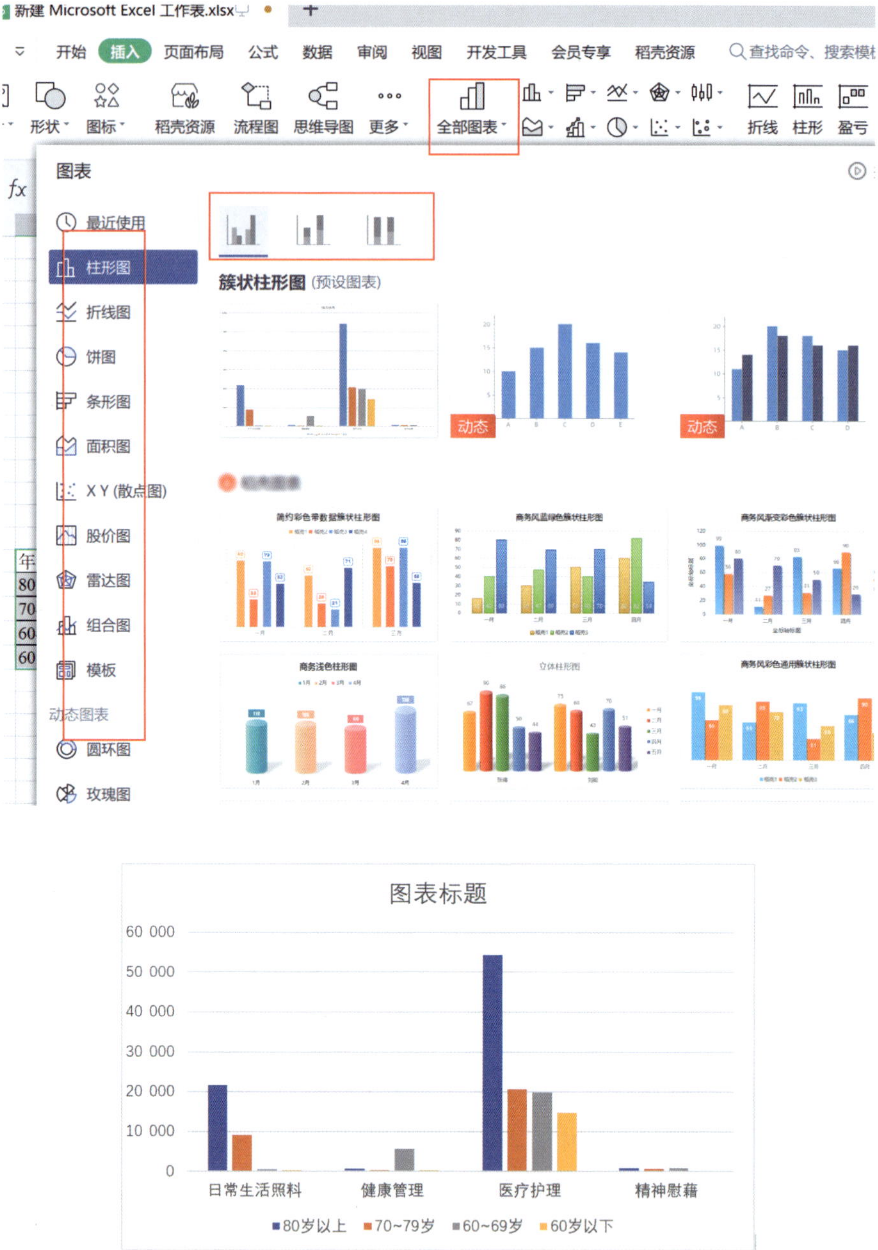

图1-5-5　创建柱形图

7)检查可视化

在创建完可视化之后，检查图表中的数据是否准确呈现，确保信息的正确性和可读性。同时，可以输入图表标题、调整柱形图颜色、调整字体大小、调整坐标轴格式等。

可视化图表调整如图1-5-6所示。

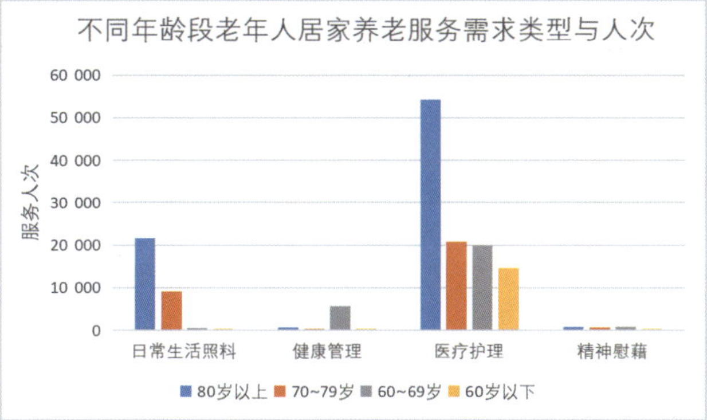

图1-5-6 可视化图表调整

8)展示可视化

将调整好的可视化图表进行发布。以图1-5-6为例,2023年相对于其他服务内容,医疗护理的需求人次是最多的,特别对于80岁以上的居家老年人,医疗护理需求远超于其他需求。

2.技能操作

(1)操作准备

在进行居家养老服务数据分析前,需要做好必要的准备,见表1-5-8。

表1-5-8 居家养老服务数据分析前的准备

类别	具体要求
环境准备	□宽敞整洁 □光线柔和 □温湿度适宜
养老管家准备	□着装整洁 □洗手
用物准备	□电脑

(2)操作过程

按照可视化操作流程操作,并将具体内容填写在表1-5-9中。

表1-5-9 居家养老服务数据分析操作记录表

操作步骤	具体内容
明确可视化目标	
收集数据	近___年内居家老年人 □服务种类 □服务时间 □服务次数 □年龄段 □性别 □家庭经济水平 □自理能力
处理数据	□数据清洗 □数据集成 □数据转换 □数据脱敏
选择可视化工具	□Tableau □PowerBI □Matplotlib □D3.js □Excel □其他

续表

操作步骤	具体内容
选择可视化类型	□柱形图 □折线图 □饼图 □散点图 □其他
创建可视化	
检查可视化	
展示可视化	

(二)居家养老服务改进方案制订

1.知识学习

居家养老服务是指以家庭为核心、以社区为依托、以专业化服务为依靠,为居住在家中的老年人提供助餐、助洁、助医、助行、紧急救援、健康管理、康复护理、精神慰藉、文教娱乐等服务的一种社会养老服务模式,主要形式有两种:由经过专业培训的服务人员上门为老年人开展照料服务;在社区创办老年人日间服务中心,为老年人提供日托服务。

(1)居家养老服务质量考核标准

1)需求评估

居家养老服务需求评估指标体系(表1-5-10)是定量化评估老年人生活自理能力、认知能力、情绪行为等健康状况和家庭成员的照顾能力、经济状况等情况,确定老年人服务需求类型、照料护理等级以及明确护理、养老服务等补贴领取资格,由专业人员依据相关标准,对老年人生理、心理、精神、经济条件和生活状况进行的综合分析评价工作,评估的重点包括老年人是否具有居家养老服务的需求以及是否具备居家养老服务对象的主体资格。2013年8月,中国民政部发布了《老年人能力评估》(民政行业标准),主要从日常生活活动、精神状态、感知觉与沟通、社会参与四个方面对老年人进行评估,为居家养老服务对象评估提供了规范、统一、具有可操作性的工具。

知识链接

不同健康状况老年人的需求

1.可自理老年人

此类老年人身体相对健康,但因贫困、孤独等因素,需要精神文化交流、心理慰藉、健康建档与指导、健康体检、健康讲座及生活便利等方面的服务。

2. 半自理老年人

除了可自理老年人的特点，还因身体疾病、衰老等因素造成日常生活明显依赖他人，需要家政服务、心理慰藉、健康管理与指导、康复训练、营养膳食、专业护理等方面的服务。

3. 完全不能自理老年人

除了半自理老年人的特点，因高龄、疾病等因素，日常生活完全依赖他人，需要个人护理、家政服务、慢性病维护、家属培训、特殊护理、日托等方面的服务。

表 1-5-10 居家养老服务需求评估指标体系

类别	评估指标		指标项
老年人的健康状况	背景状况评估指标	健康状况	1. 日常生活活动能力 2. 患病率
		经济状况	1. 家庭人均月收入 2. 享受公费医疗比重
		生活背景	1. 与配偶同居率 2. 与子女居住同区率(同市或同乡) 3. 拥有单独卧室率 4. 拥有家庭卫生设施率(厕所、浴室)
家庭成员的照护能力	生活照料评估指标		1. 需要生活照料老年人比重 2. 需要生活照料老年人获得照料比重 3. 获得照料老年人由亲属(配偶、子女)照料比重 4. 老年人需要帮助穿衣比例及获得此项服务比重 5. 老年人需要帮助吃饭比例及获得此项服务比重 6. 老年人需要帮助洗澡比例及获得此项服务比重 7. 老年人需要帮助上厕所比例及获得此项服务比重 8. 老年人需要帮助上、下楼梯比例及获得此项服务比重 9. 老年人需要帮助洗漱比例及获得此项服务比重 10. 老年人需要帮助料理家务比例及获得此项服务比重 11. 老年人需要帮助做饭比例及获得此项服务比重 12. 老年人需要帮助购物比例及获得此项服务比重 13. 老年人需要帮助洗衣比例及获得此项服务比重 14. 老年人感到孤独比重 15. 老年人有诉说心事对象比重 16. 老年人感到生活幸福比重
	照护者生活状况指标		1. 照护者平均年龄 2. 照护者身体健康率 3. 照护者为照护老年人的支出或经济损失占其总收入的比重 4. 照护者为照护老年人花费时间占其休息时间比重

2)考核标准

①服务质量

服务态度:是否礼貌、热情、周到,是否主动关心老年人的生活起居。

服务效率:是否及时为老年人提供所需服务,是否在规定时间内完成服务。

专业能力:是否具备专业的护理、康复、医疗等知识和技能,是否能够提供高质量的服务;是否按照服务协议提供服务,是否达到服务标准要求。

②安全保障

安全制度:是否建立完善的安全管理制度,是否严格执行安全操作规程。

防护措施:是否采取必要的防护措施,如防跌倒、防噎食等,确保老年人的人身安全。

应急处理:是否具备应急处理能力,如突发疾病、意外事故等,能够及时采取有效措施。

③服务内容

基础服务:是否提供基础生活服务,如洗衣、做饭、保洁等。

医疗护理:是否提供医疗护理服务,如定期巡诊、送药、输液等。

精神慰藉:是否提供精神慰藉服务,如陪伴、聊天、心理咨询等。

④客户需求满足程度

服务内容满足程度:是否能够满足老年人的需求,如个性化护理、康复训练等。

服务质量满足程度:是否满足老年人对服务质量的期望,如专业水平、及时性等。

⑤服务评价

客户反馈:是否及时收集客户的反馈意见,是否针对问题及时改进。

服务满意度:是否建立服务满意度评价机制,是否达到客户满意度要求。

⑥规范管理

管理制度:是否建立完善的管理制度,是否严格执行各项规定。

人员管理:是否具备合格的服务人员,是否定期进行培训和考核。

⑦健康教育

健康宣传:是否定期进行健康宣传,普及健康知识,提高老年人的健康意识。

健康指导:是否根据老年人的健康状况,提供个性化的健康指导和服务。

⑧服务改进

问题整改:是否针对服务中存在的问题及时进行整改,不断提高服务水平。

创新发展:是否积极探索新的服务模式和方法,不断推进服务创新和发展。

(2)制订居家养老服务改进方案

1)提高服务人员的专业素质

居家养老服务的质量和效果与服务人员的专业素质密切相关。因此,提高服务人员的专业水平是改进居家养老服务的重要方向。首先,可以加强对服务人员的培训,提高他们的专业知识和技能。其次,可以建立完善的考核机制,激励服务人员不断提升自己的专业水平。此外,还可以鼓励服务人员参加相关的培训和学习,不断更新自己的知识和技能。

微课 居家养老服务改进措施

2)优化服务流程和服务内容

居家养老服务的流程和内容也需要不断优化,以提高服务的效率和满意度。首先,可以通过引入信息技术手段,建立科学、高效的居家养老服务管理系统,实现对服务流程的规范化和标准化。其次,可以根据老年人的实际需求,提供个性化的服务内容,包括生活照料、健康管理、心理支持等方面。此外,还可以加强与医疗机构的合作,提供及时的医疗服务,以应对老年人的健康问题。

3)加强家庭支持和社区参与

加强家庭支持和社区参与是改进居家养老服务的重要环节。首先,可以通过宣传和教育,提高家庭对居家养老服务的认识和意识,鼓励家庭成员积极参与老年人的日常生活和护理工作。其次,可以加强社区组织建设,提供多样化的社区养老服务,满足老年人的不同需求。此外,还可以建立家庭与社区之间的有效沟通机制,促进信息共享和资源整合。

4)加强监督和评估

居家养老服务的质量和效果需要进行监督和评估,以确保服务的规范和可持续发展。首先,可以建立居家养老服务的监督机制,对服务机构和服务人员进行定期检查和评估。其次,可以开展用户满意度调查,及时了解老年人和家属对服务的需求和评价,以便及时调整和改进服务。此外,还可以加强与相关部门和专家的合作,共同研究和推广居家养老服务,提高服务的质量和效果。

2.技能操作

某街道智慧养老综合服务中心通过对签约老年人进行居家养老服务需求评估,确定他们的居家养老服务内容,结合当前服务中心提供的居家养老服务数据分析结果,参照居家养老服务质量考核标准对居家养老服务质量进行评价,并提出适当的改进措施。如果你是服务中心的养老管家小李,你将如何进行评价?

(1)操作准备

进行居家养老服务质量评价前,需要做好必要的准备,见表1-5-11。

表1-5-11 居家养老服务质量评价前的准备

类别	具体要求
环境准备	□宽敞整洁 □光线柔和 □温湿度适宜
养老管家准备	□着装整洁 □洗手
用物准备	□台式电脑、笔记本电脑

(2)操作过程

1)沟通

在进行居家养老服务质量评价前,需要先与老年人及其家属沟通,解释评价居家养老服务质量的目的及意义,以及需要进行的配合。

2)操作实施

①根据居家养老服务评价原则,评估签约老年人的居家养老服务需求,并将具体内容填写在表1-5-12中。

表1-5-12 居家养老服务需求评估

类别	评估指标	指标项		评估值
老年人的健康状况	背景状况评估指标	健康状况	1. 日常生活活动能力 2. 患病率	
		经济状况	1. 家庭人均月收入 2. 享受公费医疗比重	
		生活背景	1. 与配偶同居率 2. 与子女居住同区率(同市或同乡) 3. 拥有单独卧室率 4. 拥有家庭卫生设施率(厕所、浴室)	
家庭成员的照护能力	生活照料评估指标		1. 需要生活照料老年人比重 2. 需要生活照料老年人获得照料比重 3. 获得照料老年人由亲属(配偶、子女)照料比重 4. 老年人需要帮助穿衣比例及获得此项服务比重 5. 老年人需要帮助吃饭比例及获得此项服务比重 6. 老年人需要帮助洗澡比例及获得此项服务比重 7. 老年人需要帮助上厕所比例及获得此项服务比重 8. 老年人需要帮助上、下楼梯比例及获得此项服务比重 9. 老年人需要帮助洗漱比例及获得此项服务比重 10. 老年人需要帮助料理家务比例及获得此项服务比重 11. 老年人需要帮助做饭比例及获得此项服务比重 12. 老年人需要帮助购物比例及获得此项服务比重 13. 老年人需要帮助洗衣比例及获得此项服务比重 14. 老年人感到孤独比重 15. 老年人有诉说心事对象比重 16. 老年人感到生活幸福比重	

续表

类别	评估指标	指标项	评估值
家庭成员的照护能力	照护者生活状况指标	1.照护者平均年龄 2.照护者身体健康率 3.照护者为照护老年人的支出或经济损失占其总收入的比重 4.照护者为照护老年人花费时间占其休息时间比重	
服务需求评估			

②参照居家养老服务质量考核标准，通过调查问卷方式对服务中心为签约老年人提供的服务质量进行评价，并将考核结果填写在表1-5-13中。

表1-5-13　居家养老服务质量评价

评价指标	指标分类	具体考核内容	考核结果
服务质量	服务态度	是否礼貌、热情、周到，是否主动关心老年人的生活起居	
	服务效率	是否及时为老年人提供所需服务，是否在规定时间内完成服务	
	专业能力	是否具备专业的护理、康复、医疗等知识和技能，是否能够提供高质量的服务；是否按照服务协议提供服务，是否达到服务标准要求	
安全保障	安全制度	是否建立完善的安全管理制度，是否严格执行安全操作规程	
	防护措施	是否采取必要的防护措施，如防跌倒、防噎食等，确保老年人的人身安全	
	应急处理	是否具备应急处理能力，如突发疾病、意外事故等，能够及时采取有效措施	
服务内容	基础服务	是否提供基础生活服务，如洗衣、做饭、保洁等	
	医疗护理	是否提供医疗护理服务，如定期巡诊、送药、输液等	
	精神慰藉	是否提供精神慰藉服务，如陪伴、聊天、心理咨询等	

续表

评价指标	指标分类	具体考核内容	考核结果
客户需求满足程度	服务内容满足程度	是否能够满足老年人的需求，如个性化护理、康复训练等	
	服务质量满足程度	是否满足老年人对服务质量的期望，如专业水平、及时性等	
服务评价	客户反馈	是否及时收集客户的反馈意见，是否针对问题及时改进	
	服务满意度	是否建立服务满意度评价机制，是否达到客户满意度要求	
规范管理	管理制度	是否建立完善的管理制度，是否严格执行各项规定	
	人员管理	是否具备合格的服务人员，是否定期进行培训和考核	
健康教育	健康宣传	是否定期进行健康宣传，普及健康知识，提高老年人的健康意识	
	健康指导	是否根据老年人的健康状况，提供个性化的健康指导和服务	
服务改进	问题整改	是否针对服务中存在的问题及时进行整改，不断提高服务水平	
	创新发展	是否积极探索新的服务模式和方法，不断推进服务创新和发展	

③将质量评价中发现的问题及改进措施填入表1-5-14中。

表1-5-14　居家养老服务的问题及改进措施

序号	问题描述	改进措施
1		
2		
3		
4		

检查评估

养老管家根据表1-5-15中的检查项目进行自我检查，并将检查结果和自我点评记录在表中。

表1-5-15　居家养老服务数据分析与改进方案制订检查记录表（养老管家自查）

序号	检查项目	检查结果	自我点评
1	是否穿工作服并保持服装整洁	是□　否□	
2	是否按照标准步骤及处理方法进行数据处理	是□　否□	
3	是否按照可视化图表的适用场景选择合适的图表类型	是□　否□	
4	是否按照居家养老服务评价步骤进行评价	是□　否□	
5	是否分析问题并提出改进措施	是□　否□	
6	是否完成操作记录	是□　否□	

教师根据表1-5-16中的检查项目对养老管家的任务完成情况进行检查，并将检查结果和结果点评记录在表中。

表1-5-16　居家养老服务数据分析与改进方案制订检查记录表（教师点评）

序号	检查项目	检查结果	结果点评
1	是否按时完成任务	是□　否□	
2	团队协作是否顺畅	是□　否□	
3	设备、用具及用品是否整理恢复	是□　否□	
4	评价报告是否准确、完整	是□　否□	

任务小结

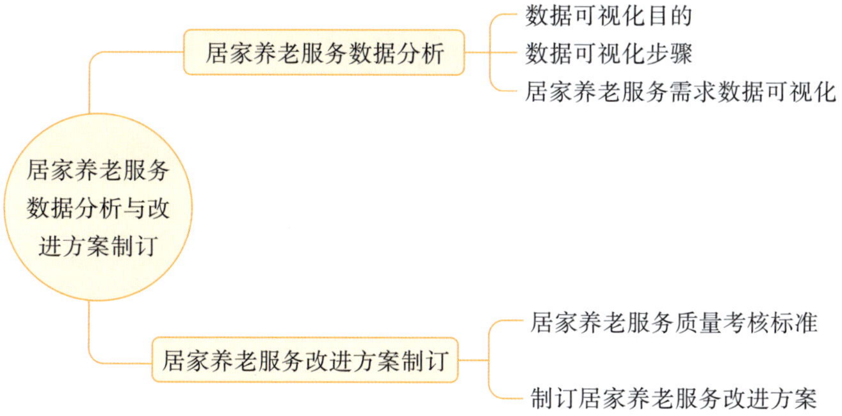

情境二
大数据社区养老

情境介绍

本情境包括移动随访与健康数据采集、老年人健康档案管理、健康风险综合评估与慢性病管理和老年人数字化健康教育四项任务。

移动随访与健康数据采集任务涵盖了健康养老大数据认知、移动可穿戴设备使用方法、健康数据采集模块操作等知识；老年人健康档案管理任务涵盖了健康档案背景、建立健康档案要求、健康档案类型、健康档案查询和健康档案信息管理等知识；健康风险综合评估与慢性病管理任务涵盖了老年人健康评估、平台预约医生流程、慢性病管理流程、手机远程问诊等知识；老年人数字化健康教育任务涵盖了数字化教育的类型及作用、新媒体学习方法、信息推送流程等知识。

情境目标

- 能够根据移动可穿戴设备的使用方法及原理，指导老年人使用设备。
- 能够使用居家养老服务平台，采集老年人健康数据。
- 能够根据收集到的健康信息，使用居家养老服务平台建立老年人健康档案。
- 能够使用居家养老服务平台，完成老年人健康档案查询及动态管理。
- 能够根据手机App使用方法，指导老年人查询自己的健康档案信息。

- 能够根据老年人健康档案数据分析结果，完成老年人健康风险评估。
- 能够根据老年人健康风险评估结果，通过平台预约医生对接慢性病管理服务。
- 能够指导老年人使用手机App，完成远程问诊及慢性病管理方案查询。
- 能够指导老年人通过微信公众号等新媒体媒介学习健康知识。
- 能够根据老年人健康信息数据分析结果，使用平台完成健康教育内容网络推送。

任务六　移动随访与健康数据采集

任务七　老年人健康档案管理

任务八　健康风险综合评估与慢性病管理

任务九　老年人数字化健康教育

任务六 移动随访与健康数据采集

教学资源

任务导入

场景：某社区养老中心

人物：患者李爷爷、照护人员小韩

情节：李爷爷，79岁，身高171 cm，体重85 kg，是行政单位退休人员，独居。目前李爷爷需要使用移动可穿戴设备，如果你是照护人员小韩，将如何教李爷爷使用移动可穿戴设备并采集健康数据？

任务目标

- 能够根据移动可穿戴设备的使用方法及原理，指导老年人使用设备。
- 能够使用居家养老服务平台，采集老年人健康数据。

任务实施

（一）移动可穿戴设备使用指导

1.知识学习

（1）"互联网+大数据"养老体系

"互联网+大数据"养老体系具有与传统养老体系完全不同的特征，可以概括为以下几点：

1）基于知识的服务

"互联网+大数据"养老是建立在信息采集、信息整理、信息利用和信息服务基础上的一种养老体系。对数据和信息管理，以及对知识的升华应用是信息社会的典型特征，依托于数据、基于知识的增值服务是传统养老体系无法比拟的。

2)技术的多样性

“互联网+大数据”养老体系是多种信息通信技术的综合应用，包括传感技术、存储技术、计算技术、通信技术、数据分析技术和人工智能技术等，这些信息通信技术的集成应用使多元异构信息汇聚和数据融合挖掘成为养老服务体系的基础。“互联网+大数据”养老体系的实现是多种信息通信技术的综合体现和共同支撑，不是一种或一类技术能够代表的。

3)业务的综合性

“互联网+大数据”养老体系是综合集成的业务集群。传统养老体系以居家养老、社区养老、机构养老区分，而“互联网+大数据”养老体系依托网络和数据，脱离了空间性，模糊了时间性，使老年人在任何时间、任何地点、任何场景下都能得到服务，满足实时性的用户需求，甚至发掘出潜在的用户需求。

以居家养老中的健康体征监测为例，系统使用移动可穿戴设备实时监测老年人的个人体征数据，包括心率、血压、血氧等，从终端发送数据至系统后台，通过分析反馈有针对性的医学建议，这一业务过程涉及医学、通信、计算机科学等多种学科，也涉及设备制造、数据通信、医疗、数据存储、情报分析等多个行业。

4)行业的融合性

“互联网+大数据”养老体系带动行业之间的融合与产业的集群式发展。“互联网+大数据”养老体系涉及的行业几乎涵盖所有已知的传统服务行业和以信息技术为代表的新兴产业，例如智能建筑、智能家居、智慧医疗、网络金融、在线交易等。通过信息融合和数据挖掘，这些看似相距甚远的行业和领域得以交叉产生新的业务和共享用户。

(2)移动可穿戴设备的使用方法及原理

微课 移动可穿戴设备的类型

移动可穿戴设备是应用穿戴式技术对日常穿戴进行智能化设计、开发的可以穿戴的设备的总称，最大的优势就是便携性、智能化。移动可穿戴设备的使用不会影响老年人的正常生活，不需要老年人进行过于复杂的操作，对老年人来说，是很实用的辅助工具。

1)移动可穿戴设备及使用方法

①智能手表

智能手表是一种基于智能移动设备和智能可穿戴设备功能集成化的手表，它能够接打电话、收发短信、收发邮件、听音乐等，具有通知提醒、健康管理、运动监测、语音控制等功能。

智能手表可以为老年人的休闲时间提供更多的娱乐方式；对于关注健康的老年人来说，智能手表还可辅助进行运动监测、健康管理，是生活中比较实用的移动可穿戴设备之一。

智能手表的使用方法：

长按开机键开/关机，短按返回待机界面，点击待机界面进入主菜单，显示手表主要功能，选择需要的功能查看即可，如：通知提醒、健康管理、运动监测、语音控制等。

②智能手环

智能手环可以监测老年人的运动数据,例如步数、消耗的热量、运动距离等,帮助老年人分析运动数据,更好地掌握自己的运动状态;还可以监测老年人的心率、睡眠时间等健康数据,帮助老年人及时发现健康问题,采取有效措施进行干预。

智能手环可以连接老年人家人的手机,实现消息推送、支付等功能,不仅可以增强老年人的健康意识,还可以为老年人的生活带来更便利的体验。

智能手环的连接方法:

打开手机上的蓝牙功能,点击手环主菜单中的设置,点击连接手机,手机会搜索到手环,点击进行配对,配对成功即可开始使用。

③智能鞋垫

智能鞋垫是一种集成了压力传感器、加速度传感器等技术的可穿戴设备,可以通过附加到鞋子上,监测走路、跑步的步数、速度、距离、消耗的热量等信息,具有健康监测、运动追踪的功能。

智能鞋垫的使用方法:

启动连接智能鞋垫的App,选择相对应的鞋底尺码进行连接和匹配;保持使用环境稳定;正确导入个人信息;将鞋垫放在鞋子中,并将鞋子紧贴脚底确保鞋垫能准确感知脚底压力及步态数据;遵循标准步骤进行测量,以确保数据的准确性。

2)数据处理

移动可穿戴设备作为一个数据采集器,在使用时要注意数据的处理。避免数据被不必要的信息干扰或者误判,在保护个人隐私的前提下,注意数据处理和共享,避免泄露隐私信息。

3)合理使用

使用移动可穿戴设备,要根据自身需求选择合适的功能,并合理使用功能。例如,智能手表除了显示时间、计步、运动追踪等基本功能,还有多种应用和游戏,但是这些应用和游戏会降低设备电量和续航能力。因此,要根据实际需求合理使用这些功能,避免过度使用而影响设备使用时间。

4)使用原理

①加速度传感器

加速度传感器能够测量人体的运动状态,比如步数、跑步速度、爬楼梯次数等。

②光传感器

光传感器能够测量血氧和心率等生理数据。

③GPS传感器

GPS传感器可以提供实时的定位服务,比如在跑步时记录行程轨迹。

5)使用注意事项

正确佩戴是使用移动可穿戴设备的第一步,如果佩戴不当,可能会影响设备测量的准确度。例如智能手环佩戴位置不当,可能导致运动步数计算不准确。因此,在佩戴移动可穿戴设备时,要注意它的定位位置和紧固度,确保设备位置正确且紧固适中。同时,还要根据设备的不同功能选择合适的佩戴方式。

注意设备细节,如设备经常出现断电、掉线等情况,可能是因为没有及时更新软件、无线信号差、电量不足或者设备自身故障等原因。因此,家人应该注意检查老年人佩戴设备的电量、网络信号,并及时更新软件。如果设备出现了问题,可以先尝试重启设备,或者参考说明书进行排查。

2.技能操作

(1)操作准备

在使用移动可穿戴设备前,需要做好必要的准备,见表2-6-1。

表2-6-1 使用移动可穿戴设备前的准备

类别	具体要求
环境准备	□具有Wi-Fi网络或移动数据 □室内温度为20~28 ℃ □相对湿度≤80% □光线柔和 □清洁卫生
照护人员准备	□按礼仪要求穿戴整齐,仪表端庄
用物准备	□智能手机 □智能手表 □智能手环 □智能鞋垫

(2)操作实施

采用角色扮演法,两人一组,一人扮演老年人,另一人扮演照护人员,依次轮流交替进行任务实施,并将操作过程填写在表2-6-2中。

表2-6-2 移动可穿戴设备使用记录表

移动可穿戴设备	操作过程
智能手表	
智能手环	
智能鞋垫	

(二)居家养老服务平台健康数据采集

1.知识学习

(1)居家养老服务平台功能模块

居家养老服务平台由总部/分支管理、站长端、组长端、照护师端、老人端等功能模块组成。平台系统具有较好的安全保密机制，在使用系统前必须先登录，依据自己的权限使用系统。

(2)健康数据采集

1)总部/分支管理

①登录平台

某居家养老服务平台登录界面如图2-6-1所示。

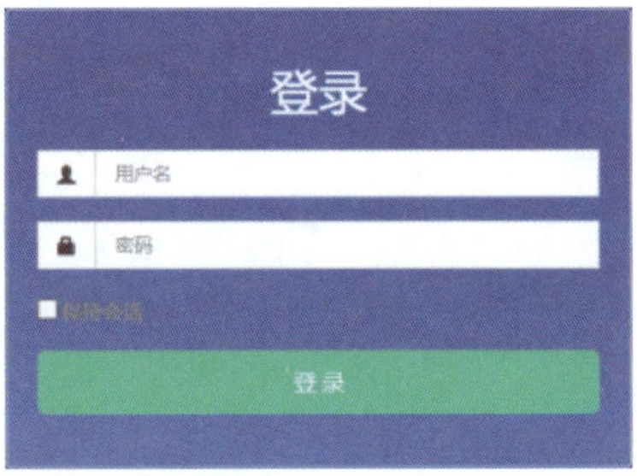

图2-6-1　某居家养老服务平台登录界面

②首页

首页可以看到老人总数量、员工总数量、订单总数量、总收入金额等，如图2-6-2所示。

图2-6-2　某居家养老服务平台首页

③组织列表

在组织列表中可以看到养老院/服务站、所属地市分公司、所属区支机构、创建时间等信息，如图2-6-3所示。

图2-6-3　组织列表

④公司管理

可单击添加，填写总公司名称、城市、地市区支机构数等信息，如图2-6-4所示。

图2-6-4　公司管理

⑤地市分公司/区支机构

可选择地市分公司名称、区支机构、所属省份公司，如图2-6-5所示。

图2-6-5　地市分公司/区支机构

⑥服务站/养老院

需在已经选择的地市分公司、区支机构、所属省份公司下选择或填写所属区域、街道、社区、详细地址和养老院/服务站等信息，如图2-6-6所示。

图2-6-6　服务站/养老院

⑦小组管理

需在已经选择的服务站/养老院下填写组名，如图2-6-7所示。

图2-6-7　小组管理

⑧员工管理

选择组织架构，为其添加员工，如图2-6-8所示。

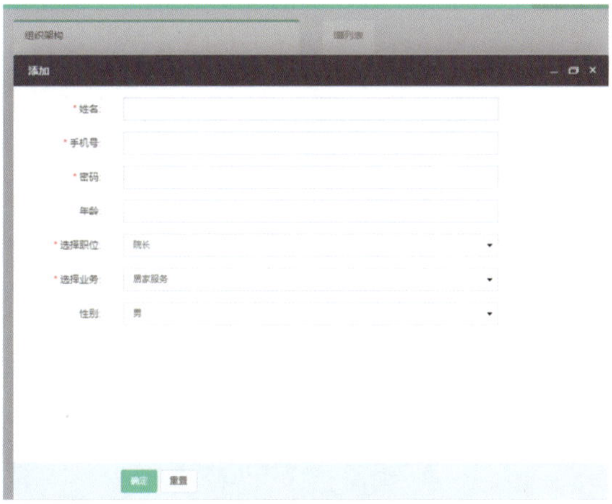

图2-6-8　员工管理

⑨机构老人列表

机构老人列表展示了老人名称、老人手机号、老人年龄、老人性别、失能状况、经济状况，如图2-6-9所示。

图2-6-9　机构老人列表

⑩社区老人列表

社区老人列表展示了老人名称、老人手机号、老人年龄、老人性别、所在地址、详细地址，如图 2-6-10 所示。

图 2-6-10 社区老人列表

⑪呼叫中心列表

呼叫中心列表展示了所属机构、老人名称、老人手机号、报警位置、报警设备，如图 2-6-11 所示。

图 2-6-11 呼叫中心列表

⑫老人照护档案

老人照护档案展示了老人信息，可以查看老人已绑定的设备数量，可单击新增老人信息，添加新的信息，如图 2-6-12 所示。

图 2-6-12 老人照护档案

可以查看已绑定的设备编号、设备名称，如图 2-6-13 所示。

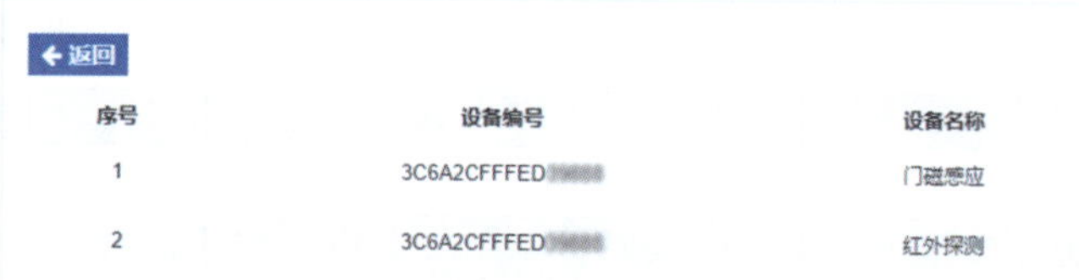

图 2-6-13　设备查看

选择要绑定的设备，选择设备类型、设备分类、子设备、设备型号、场景进行设备绑定，如图 2-6-14 所示。

图 2-6-14　设备绑定

⑬派单统计

在派单统计中可以看到待派订单数、服务中订单数、待付款订单数，如图 2-6-15 所示。

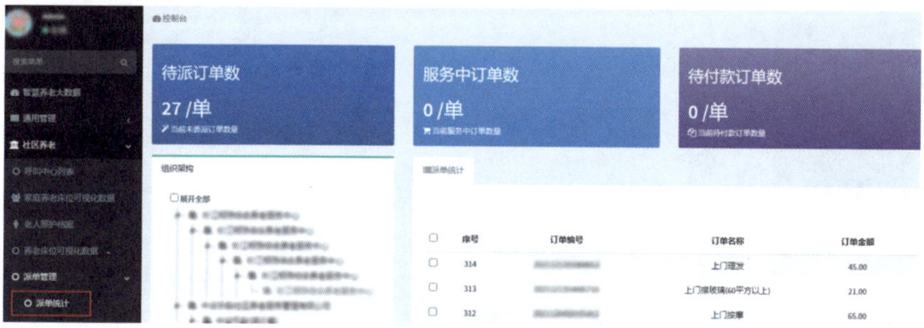

图 2-6-15　派单统计

⑭录单

单击录单，选择或填写服务类型、服务、服务金额等信息，如图 2-6-16 所示。

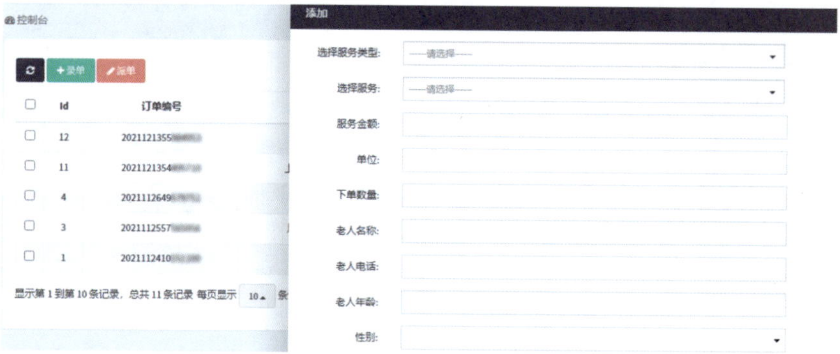

图 2-6-16　录单

单击派单，订单状态变成已派单，订单派发完成。

派单分角色，督导派单给站长，站长派单给护理员，护理员可以接单或拒单。

⑮上门安装派遣

上门安装派遣展示了老人名称、老人手机号、详细地址、所在地，如图2-6-17所示。单击安装派遣，填写需要安装设备的老人的信息，选择安装类型、服务站、安装人员，完成安装派遣。

图2-6-17 上门安装派遣

⑯床位管理

床位管理展示了老人信息，所图2-6-18所示。

单击新增老人，填写老人的信息，可创建他的床位信息。

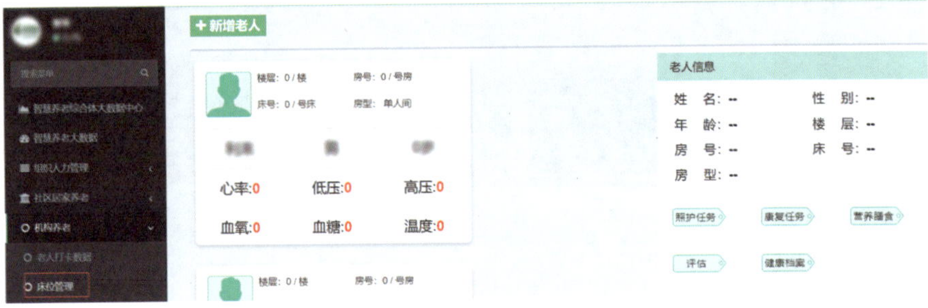

图2-6-18 床位管理

⑰老人设备管理

老人设备管理展示了老人名称、老人手机号、楼层、房间号、床号、绑定设备数量等信息，如图2-6-19所示。

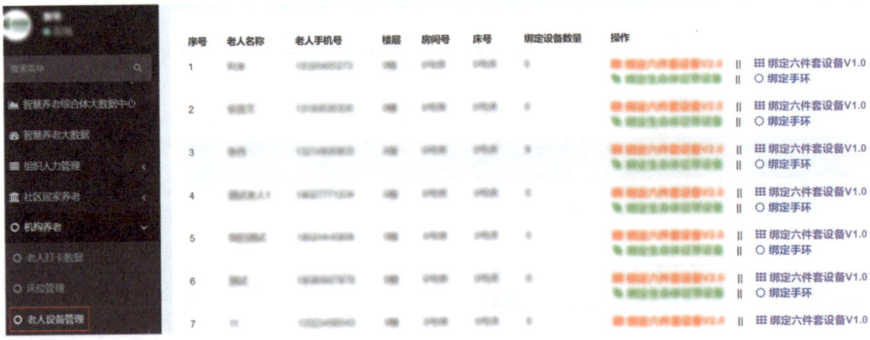

图2-6-19 老人设备管理

⑱床位可视化数据

床位可视化数据展示了老人心率和呼吸数据、绑定设备的状态，如图2-6-20所示。

图2-6-20 床位可视化数据

2)站长端

①登录方式

进入微信公众号，点击智慧照护系统，登录账号，如图2-6-21所示。

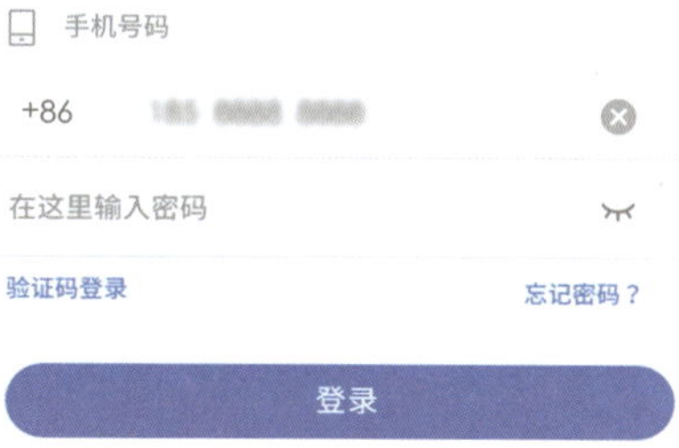

图2-6-21 站长端登录界面

②首页

A.排班

可查看、管理护理员的排班情况，确认排班之后才可派单给对应的护理员，如图2-6-22所示。

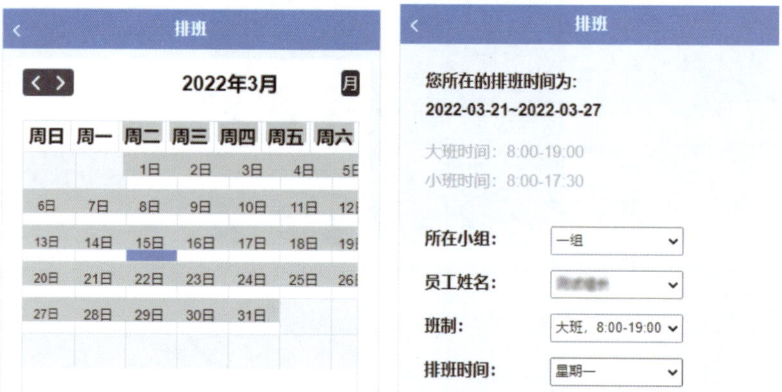

图2-6-22 排班

B.派单

可展示订单内容，包括预定时间、服务项目、地址、老人姓名、老人电话、订单金额，如图2-6-23所示。

点击派单，会弹出一个弹框，选择分派小组的组名，完成派单。

C.订单列表

订单列表可对订单进行划分，订单状态包括全部订单、未派单、未接单（图2-6-24）、服务中和待评价。点击每一类订单状态，会进入当前订单状态页面。订单列表可以对当前所属站点的订单进行统一管理，完成订单的付款结算步骤。

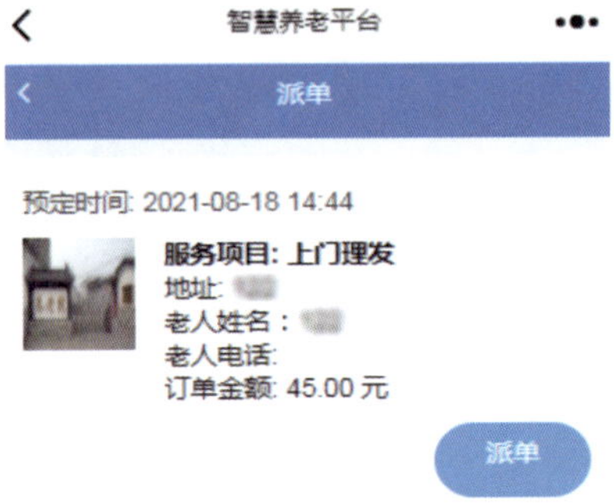

图2-6-23　派单（站长端）

图2-6-24　未接单

D.“我的”

“我的”主要有智慧硬件绑定、智慧硬件管理、报单录入、收入统计等模块。

智慧硬件绑定模块可选择相应的设备进行录入绑定，如图2-6-25所示。

图2-6-25　智慧硬件绑定

智慧硬件管理模块可查看与解绑智慧硬件,绑定设备列表如图2-6-26所示。

报单录入模块可录入的信息包括来源、服务类型、电话、姓名、年龄、性别、社区、服务地址、上门时间,如图2-6-27所示。有些信息选择即可,有几项则需要手动输入。最后点击录入,完成操作。

收入统计模块可展示当前站点的详细收入情况。

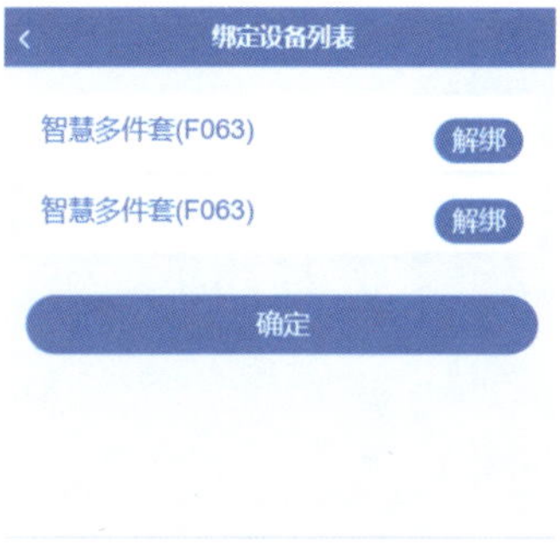

图2-6-26　绑定设备列表

图2-6-27　报单录入

3)组长端

首页主要有两个大模块,派单列表、派单统计。

①派单列表

派单列表可展示服务订单的相关信息,可点击派单给护理员下发订单,对超时的服务订单也可修改订单信息,派单(组长端)如图2-6-28所示。

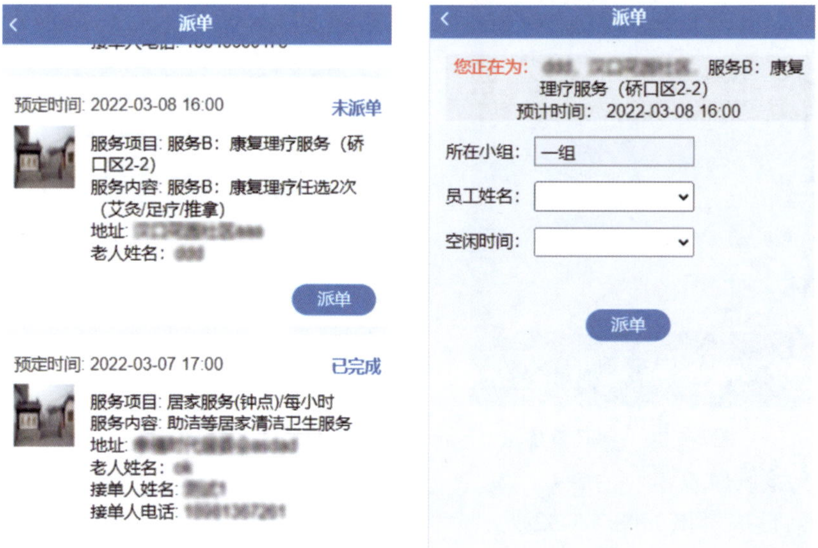

图2-6-28　派单(组长端)

②派单统计

派单统计可按照订单的状态对订单分类汇总。可对订单进行统一管理，修改订单信息，未派单如图2-6-29所示。

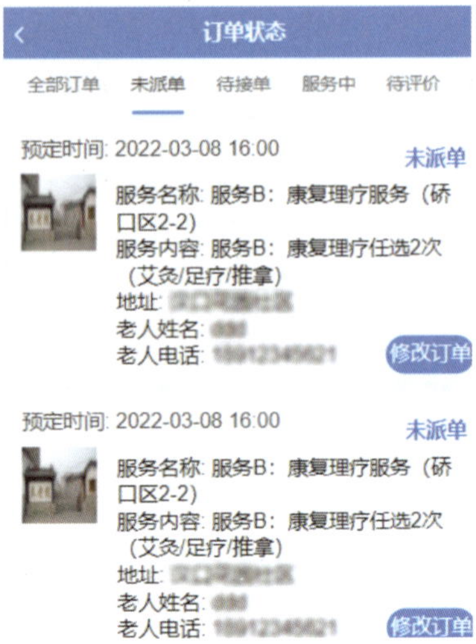

图2-6-29　未派单

4）照护师端

①首页

早晚查房：可对老人进行每天早晚两次的查房操作，如图2-6-30所示。

服务项目：汇总老人的服务数据包括老人姓名、总服务次数、总服务时长、服务项目，如图2-6-31所示。

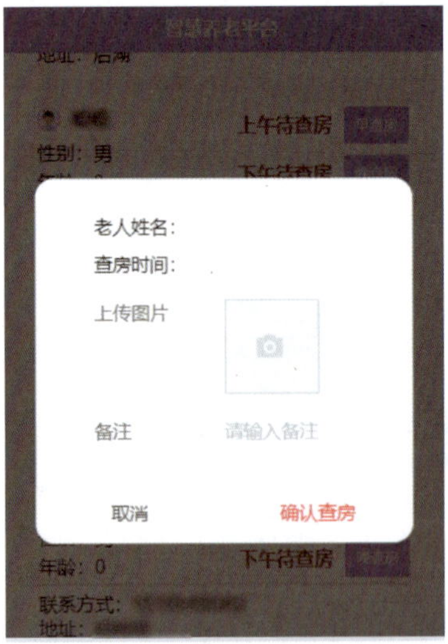

图2-6-30　早晚查房

图2-6-31　服务项目

②健康资讯

健康资讯如图2-6-32所示。

③我的订单

我的订单按照订单的状态对订单分类汇总，如图2-6-33所示。可对订单进行统一管理,实现护理员的签入、确认完成、签出操作。

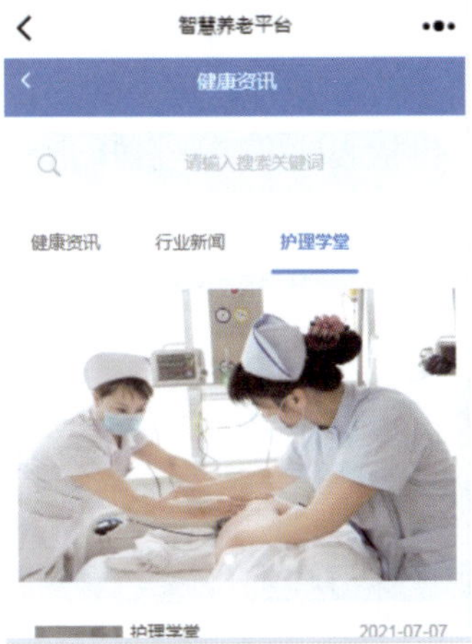

图2-6-32 健康资讯

图2-6-33 我的订单

签入:待完成订单中点击签入,上传服务照片后即可完成签入操作,如图2-6-34所示。

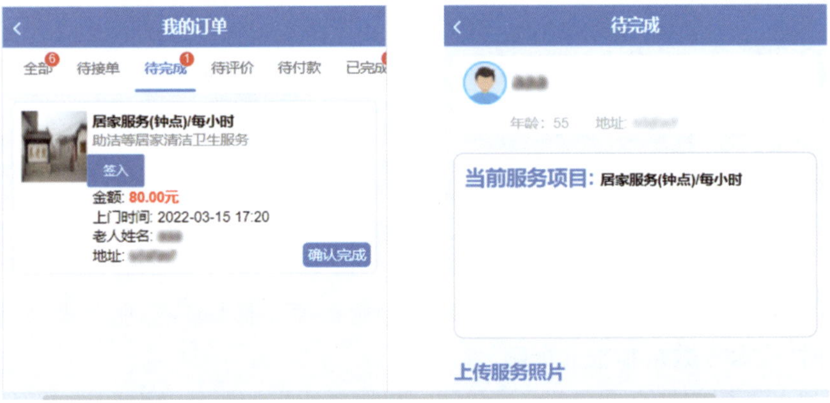

图2-6-34 签入

确认完成:点击确认完成即可完成该服务。

签出:待评价订单中点击签出,上传服务照片后即可完成签出操作,如图2-6-35所示。

图2-6-35 签出

图2-6-36 我的健康

5)老人端

①首页

我的健康:根据老人所绑定的设备,显示心率、呼吸数据等,如图2-6-36所示。点击心率,展示老人实时检测数据图,包括心跳和呼吸各项指标的数据。

我的服务:显示服务过的项目信息,可点击蓝色按钮选择再来一单,如图2-6-37所示。

图2-6-37　我的服务

服务清单:分为推荐和附近两类。

点击服务站,打开服务清单,可选择服务项。服务项有:服务类型、服务时间、服务数量和服务金额。

点击相关站点即可进入下单页面,选择所需的服务及时间即可完成下单,如图2-6-38所示。

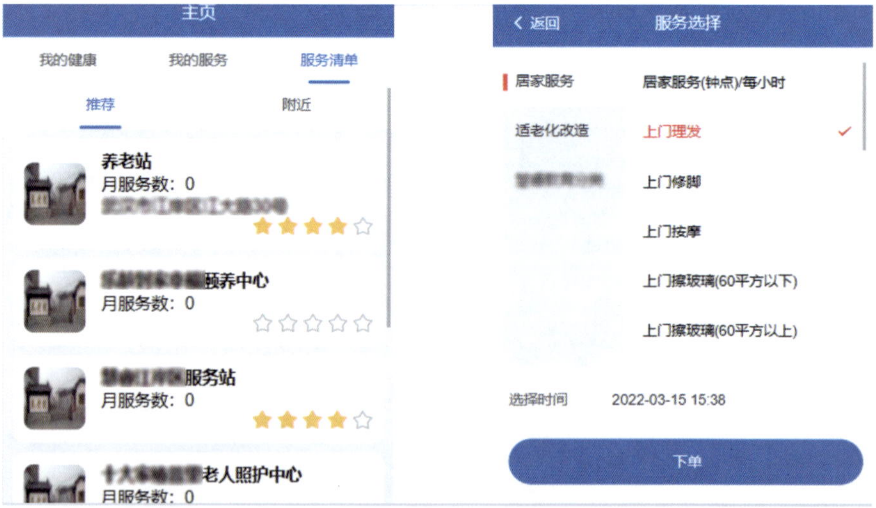

图2-6-38　下单

②订单

订单分为全部、未完成、已完成三类。可对订单进行评价，如图2-6-39所示。

图2-6-39 订单评价

③个人中心（图2-6-40）

个人信息：可填写姓名、手机号、性别、城市、详细住址、子女姓名、子女手机号。

绑定设备：可选择设备分类和设备类型，选好后点击确认即可。

绑定设备列表：可点击解绑按钮解绑设备。

图2-6-40 个人中心

2.技能操作

（1）操作准备

采集健康数据前，需要做好必要的准备，见表2-6-3。

表2-6-3 采集健康数据前的准备

类别	具体要求
环境准备	□具有Wi-Fi网络或移动数据 □室内温度为20~28 ℃ □相对湿度≤80% □光线柔和 □清洁卫生
照护人员准备	□按礼仪要求穿戴整齐，仪表端庄
用物准备	□智能手机 □智能手表 □智能手环

(2)操作实施

采用角色扮演法，两人一组，一人扮演老年人，另一人扮演照护人员，依次轮流交替进行任务实施，并将具体内容填写在表2-6-4中。

表2-6-4 健康数据采集操作记录表

类别	具体内容
个人信息	
设备信息	
健康数据	

检查评估

照护人员根据表2-6-5中的检查项目进行自我检查，并将检查结果和自我点评记录在表中。

表2-6-5 移动随访与健康数据采集检查记录表（照护人员自查）

序号	检查项目	检查结果	自我点评
1	是否穿工作服并保持服装整洁	是□ 否□	
2	是否洗净双手	是□ 否□	
3	是否了解老年人的基本情况	是□ 否□	
4	是否了解并熟练使用居家养老服务平台	是□ 否□	
5	是否了解我国老年人健康状态评估标准	是□ 否□	

服务对象根据表2-6-6中的检查项目对照护人员的服务情况进行检查，并将检查结果和结果点评记录在表中。

表2-6-6 移动随访与健康数据采集检查记录表(服务对象点评)

序号	检查项目	检查结果	结果点评
1	是否主动问好	是□ 否□	
2	是否主动进行自我介绍	是□ 否□	
3	服务态度是否和蔼,语言是否亲切	是□ 否□	
4	对老年人的称呼是否恰当,举止是否得体	是□ 否□	

教师根据表2-6-7中的检查项目对照护人员的任务完成情况进行检查,并将检查结果和结果点评记录在表中。

表2-6-7 移动随访与健康数据采集检查记录表(教师点评)

序号	检查项目	检查结果	结果点评
1	是否按时完成任务	是□ 否□	
2	团队协作是否顺畅	是□ 否□	
3	设备、用具及用品是否整理恢复	是□ 否□	
4	实训工位及实训室是否整理干净	是□ 否□	
5	工作页填写是否准确、完整	是□ 否□	

任务小结

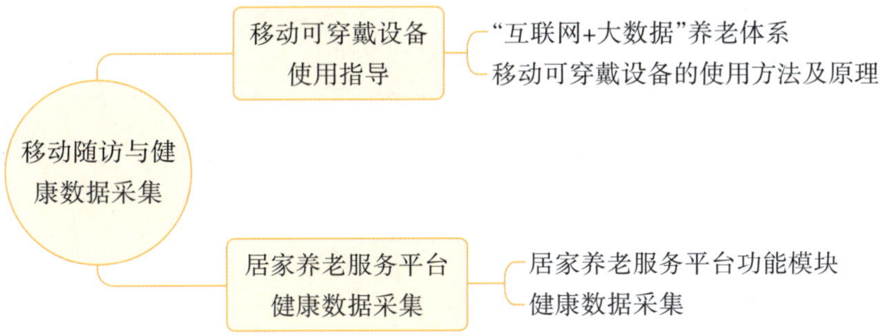

教学资源

任务七　老年人健康档案管理

任务导入

场景：某养老机构

人物：吴爷爷

情节：入住者吴爷爷，72岁，身高171 cm，体重76 kg，慢性病患者，常年定期入院体检。养老机构想要了解吴爷爷的既往病史以及其他健康相关信息，那么养老机构可以如何获取和保存吴爷爷的信息呢？

任务目标

- 能够根据收集到的健康信息，使用居家养老服务平台建立老年人健康档案。
- 能够使用居家养老服务平台，完成老年人健康档案查询及动态管理。
- 能够根据手机App使用方法，指导老年人查询自己的健康档案信息。

任务实施

（一）老年人健康档案建立

1.知识学习

（1）居民健康档案

居民健康档案是卫生服务中不可缺少的工具。

①有助于全面系统地了解居民的健康问题及其患病的相关背景信息。

②有助于促进社区卫生服务规范化。

③有助于全面评价社区居民的健康问题。

④有助于制订准确实用的卫生服务计划,合理利用社区有限的卫生资源,提高社区卫生服务的管理水平。

⑤可用于评价健康管理者的服务质量和技术水平,有时还可作为处理医疗纠纷的法律依据。

⑥可作为政府和医疗管理机构收集基层医疗信息的重要渠道。

⑦是医学教学科研的重要参考资料。

(2)建立健康档案的基本要求

1)资料的真实性

健康档案是由各种原始资料组成的,这些原始资料应能真实反映居民当时的健康状况,如实地记载居民的病情变化、治疗过程、康复状况等。

2)资料的科学性

居民健康档案作为医学信息资料,应按照医学科学通用规范记录。

3)资料的完整性

居民健康档案的记录方式比较简洁,但记录的内容必须完整。

4)资料的连续性

以问题为导向的记录方式及其使用的一些表格与传统的以疾病为导向的记录方式有显著区别。

5)资料的可用性

一份理想的健康档案应是保管简便、查找方便、能充分体现其使用价值的"活"资料。

(3)健康档案相关概念

1)个人健康档案

个人健康档案是指一个人从出生到死亡的整个过程中,其健康状况的发展变化情况以及接受的各项卫生服务记录的汇总。

2)个人基础资料

①个人的人口学资料:如年龄、性别、教育程度、职业、婚姻状况、种族、社会经济状况、家庭状况及家庭重大事件等。

②健康行为资料:如吸烟、酗酒、运动、饮食习惯、就医行为等。

③临床资料:如患者的主诉、过去史、家族史、个人史(药物过敏史、月经史、生育史等)、各种检查及结果、心理精神评估资料等。

④健康问题描述:又称为接诊记录,是每次服务对象就诊内容的详细资料记录,常采用主观(Subjective)、客观(Objective)、评定(Assessment)和计划(Plan)的模式,简称SOAP模式,对就诊问题逐一进行描述。

⑤健康问题随访记录表:是对某一主要健康问题的进展情况进行跟踪的动态记录,多用于慢性病患者的病情记录。

⑥转会诊记录:全科医生在患者病情需要时,应及时作出转诊或会诊决定,并做相关记录。患者在转出之后,全科医生仍对其有追踪和关注其

医治情况的责任。

⑦预防为导向的记录：全科医生常用的预防医学服务方法包括预防接种、健康体检、危险因素筛查及评价等，通过预防服务的实施，达到早期发现病患及危险因素并加以干预的目的，并做相关记录。

预防接种记录：该项预防服务内容的记录，不仅适用于儿童，对老年人和特定的患者均适用。

3）家庭健康档案

家庭健康档案是居民健康档案中的重要组成部分，其内容包括家庭的基本资料、家系图、家庭评估资料、家庭主要问题目录、家庭主要问题描述、家庭各成员的个人健康记录和家庭生活周期健康维护记录。

4）家系图（Genogram）

家系图是以绘图的方式来描述家庭结构、医疗史、家庭成员疾病间的遗传联系、家庭关系及家庭重要事件等，它可以使医生快速地掌握大量信息，评判家庭成员的健康状况，是掌握家庭生活周期、家庭功能以及家庭资源等的最好工具。

绘制家系图的目的是对家庭背景和潜在的健康问题作出总结，所用的技术和符号应是医生认为在医疗中最有意义、最方便使用的。

绘制家系图时应遵循以下原则：

①绘制家系图时所使用的符号应尽量简单，代表各种问题的符号应尽可能无须解释，标注信息尽量简明扼要，以便马上找出所需的信息。

②绘制时可以从最年轻的一代开始，也可以从中间的某一代开始，一般是从家庭中首次就诊的患者这一代开始上、下延伸。

③标准的家系图应描述3代或3代以上的家人，包括夫妇双方家庭成员。

④长辈在上，晚辈在下；同辈中，长者在左，幼者在右；夫妻中，男在左，女在右；同一代人应位于同一水平线上，符号应大小相等。

⑤代表每个人的符号旁边，应标记姓名、出生日期、重大生活事件及其发生的时间、遗传病、慢性病等。

⑥用虚线圈出同一处居住的成员。

⑦家系图绘制可一次完成，也可在照顾患者的过程中逐渐完成。

（4）社区健康档案

社区健康档案是记录社区自身特征和居民健康状况的资料库。

①社区基本资料：社区基本资料的收集，有利于健康管理者了解其所服务的社区居民的健康状况，对健康管理者的个体化服务或群体服务具有较为重要的意义。

②社区的自然环境状况。

③社区的经济和组织状况。

④社区动员潜力。

(5)社区卫生服务资源

社区卫生服务资源包括社区的卫生服务机构和卫生人力资源状况两部分。

健康管理者对这些资料的掌握,有利于为社区居民提供协调性服务,也利于健康管理者向同行进行业务咨询。

(6)健康档案的意义及类型

健康档案指居民身心健康(正常的健康状况、亚健康的疾病预防健康保护促进、非健康的疾病治疗等)过程的规范、科学记录,是以居民个人健康为核心、贯穿整个生命过程、涵盖各种健康相关因素、实现信息多渠道动态收集、满足居民自身需要和健康管理的信息资源。以问题为导向的健康档案记录方式(Problem Oriented Medical Record, POMR)是1968年由美国的Weed等人提出来的,医生在医疗服务中采用以个体健康问题为导向的记录方式,其优点是个体的健康问题简明、重点突出、条理清楚、便于计算机数据处理和管理等。

微课 健康档案的类型

健康档案是老年人不可缺少的医学资料,它记录了个人疾病的发生、发展、治疗和转归的过程。通过比较一段时间的检查资料和数据,可了解老年人健康状况的变化、疾病发展趋势、治疗效果等情况,有利于下一步医疗决策。如高血压患者根据血压值的变化,能够较好掌握控制血压的方法;糖尿病患者可了解自己血糖变化的规律,使患者对自己的病情变化做到心中有数。有些患者对某种药物接连发生过敏反应,这一情况记入健康档案,就可提示再就医时避免使用这种药物。

带着健康档案去医院看病,给医生诊治疾病也带来很大的方便,医生看到有些检查已经做过,就可避免重复。不仅为患者节约了医疗开支,还减少了患者因检查所带来的麻烦和痛苦,为患者的早期诊断、早期治疗提供了条件。万一患者在某些场合发生意外,也可根据健康档案资料判断病情,给予及时、正确的处理。

老年人健康档案分为心理健康档案、定期体检档案、慢性病管理档案。

1)心理健康档案

随着社会的进步和医学科学的发展,生物—心理—社会医学模式逐渐占主导地位,综合生理、心理和社会因素对人类健康与疾病的影响,社会工作者不仅要关心老年人的身体健康水平(是否有器质性疾病),更要关心老年人的心理健康问题,老年人心理健康程度直接关系到其身体健康水平。随着中国人口老龄化进程的加速,老年问题越来越多地受到关注,老年人心理健康问题更加突出(特别是离异、丧偶和农村留守老年人)。在老年人健康档案建立过程中,应正确选择评估方法进行心理评估,获取更多老年心理健康状况的资料,制订服务方案,及时发现心理问题,积极进行干预和随访。运用个案、小组及养护的专业技巧,为养老机构中的老年人提供健康素质提升、压力缓解、情绪辅导、家庭关系改善以及康娱活动等服务，帮助老年人解决在生活中遇到的困难和需求，提升老年人的幸福指数，使其更好地融入养老机构。

2)定期体检档案

定期进行健康体检，对疾病早发现、早诊断、早治疗，是二级预防的基本原则。老年人应定期进行健康体检，社会工作者根据体检结果进行评估，根据评估结果确定下一步管理方向，全程质量控制，最后及时建立和更新健康档案。

定期体检档案见表2-7-1。

表2-7-1 定期体检档案

项目	正常	异常	备注
血常规			
尿常规			
血糖			
心电图			
肝功能			
肾功能			
血脂			
血压			
身高			
体重			
腰围			
BMI			
医生建议			

3)慢性病管理档案

慢性病管理档案是老年人健康档案的重要组成部分。影响老年人慢性病患病率的因素有年龄、吸烟情况、身体质量指数、精神状况、体育锻炼情况等，干预或控制这些因素可以有效地预防慢性病的发生和发展。欧盟各国实施了干预慢性病危险因子的联合行动后，慢性病死亡率降低了77%，慢性病经济负担降低了60%。在慢性病管理过程中，不仅要关注已经患有慢性病的老年人，还要注意慢性病亚健康的老年人，这些老年人尚未诊断为慢性病，但其有慢性病的生活方式，站在慢性病的边缘。社会工作者应主动为老年人建立慢性病档案，及时干预，定期随访，把相关材料整理入档。

慢性病管理档案见表2-7-2。

表2-7-2 慢性病管理档案

随访时间		年 月 日	年 月 日	年 月 日	年 月 日
治疗月序		第 月	第 月	第 月	第 月
督导人员		1. 医生□ 2. 家属□ 3. 自服药□ 4. 其他______	1. 医生□ 2. 家属□ 3. 自服药□ 4. 其他______	1. 医生□ 2. 家属□ 3. 自服药□ 4. 其他______	1. 医生□ 2. 家属□ 3. 自服药□ 4. 其他______
随访方式		1. 门诊□ 2. 家庭□ 3. 电话□	1. 门诊□ 2. 家庭□ 3. 电话□	1. 门诊□ 2. 家庭□ 3. 电话□	1. 门诊□ 2. 家庭□ 3. 电话□
症状及体征 0. 没有症状 1. 咳嗽、咳痰 2. 低热、盗汗 3. 咯血、血痰 4. 胸痛、消瘦 5. 恶心、食欲缺乏 6. 关节疼痛 7. 头痛、失眠 8. 视物模糊 9. 皮肤瘙痒、皮疹 10. 耳鸣、听力下降		□/□/□/□/□/□/□ 其他：	□/□/□/□/□/□/□ 其他：	□/□/□/□/□/□/□ 其他：	□/□/□/□/□/□/□ 其他：
生活方式指导	吸烟	支/d	支/d	支/d	支/d
	饮酒	两/d	两/d	两/d	两/d

续表

随访时间		年 月 日	年 月 日	年 月 日	年 月 日
用药	药品名称				
	用量				
	药品剂型	1.固定剂量复合制剂□ 2.散装药□ 3.板式组合药□ 4.注射剂□	1.固定剂量复合制剂□ 2.散装药□ 3.板式组合药□ 4.注射剂□	1.固定剂量复合制剂□ 2.散装药□ 3.板式组合药□ 4.注射剂□	1.固定剂量复合制剂□ 2.散装药□ 3.板式组合药□ 4.注射剂□
	漏服药次数	次	次	次	次
药物不良反应		1 无□ 2 有____	1 无□ 2 有____	1 无□ 2 有____	1 无□ 2 有____
并发症或合并症		1 无□ 2 有____	1 无□ 2 有____	1 无□ 2 有____	1 无□ 2 有____
转诊	科别				
	原因				
	2周内随访结果				
处理意见					
下次随访时间					
随访医生签名					
停止治疗及原因		1 停止治疗时间： 年 月 日 2 停止治疗原因：完成疗程□ 死亡□ 丢失□ 转入耐多药治疗□			
全程管理情况		应访视患者___次，实际访视___次； 患者在疗程中，应服药___次，实际服药___次，服药率___ 评估医生签名：			

2. 技能操作

(1)操作准备

建立个人健康档案前，需要做好必要的准备，见表2-7-3。

表2-7-3 建立个人健康档案前的准备

类别	具体要求
环境准备	□具有Wi-Fi网络或移动数据 □室内温度为20~28 ℃ □相对湿度≤80% □光线柔和 □清洁卫生
照护人员准备	□按礼仪要求穿戴整齐，仪表端庄
用物准备	□台式电脑、笔记本电脑

(2)操作实施

采用角色扮演法，两人一组，一人扮演老年人，另一人扮演照护人员，依次轮流交替进行任务实施，为老年人建立个人健康档案，并填写在表2-7-4中。

表2-7-4 个人健康档案登记表

个人健康档案登记表							
姓名		性别		出生年月		曾用名	
民族		籍贯		政治状况		文化程度	
健康状况		婚姻状况		身高		体重	
血型		视力		户籍地			
证件类型				证件号码			
工作单位				单位地址			
部门				岗位			
现居地址				联系电话			
家庭主要成员信息	姓名	年龄	工作单位		职务	联系电话	

续表

个人健康档案登记表				
个人过敏史				
个人暴露史				
个人疾病史	疾病名称			
	手术			
	外伤			
	输血			
家族疾病史	父亲		母亲	
	兄弟姐妹		子女	
	亲戚朋友		其他	
个人遗传病史		有无残疾		□有 □无
医生建议				
备注				

(二)老年人健康档案查询及管理

1.知识学习

(1)健康档案管理模块功能介绍

居家养老服务平台健康档案管理模块(图2-7-1),旨在提供综合的健康管理支持。利用信息技术、传感器技术、人工智能等先进技术,为老年人提供个性化的健康管理方案和监测服务。

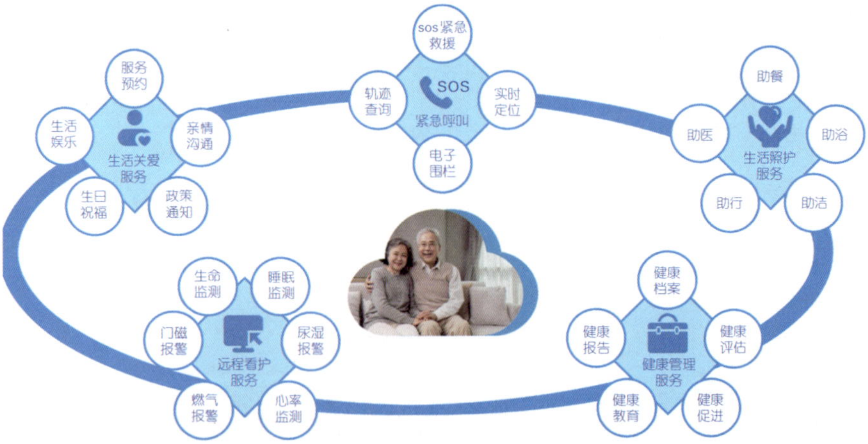

图2-7-1 居家养老服务平台健康档案管理模块

（2）健康数据采集

通过智能手环、智能血压计、智能血糖仪等监测设备，收集老年人的生理数据，如心率、血压、血糖等，实时追踪健康状况。

（3）健康信息管理

整合老年人的健康档案（图 2-7-2），方便管理和查看，并提供健康风险评估和预测。

图 2-7-2　健康档案

老年人可以通过在线咨询平台与医生对话（图 2-7-3），获取健康建议和处方等，解决健康问题。

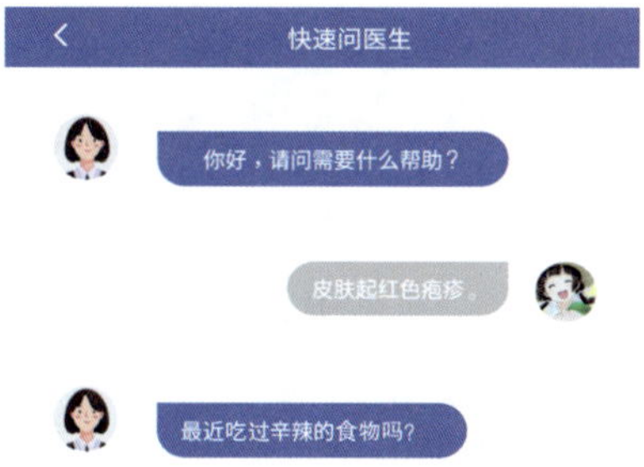

图 2-7-3　在线咨询

（4）营养管理

营养饮食是老年人健康的关键，合理摄入营养素和能量，关注饮食注意事项，能让老年人安度晚年。

营养分析和营养食谱能够提供个性化的饮食建议和营养计划，帮助老年人保持健康的饮食习惯。膳食营养分析报告如图 2-7-4 所示。

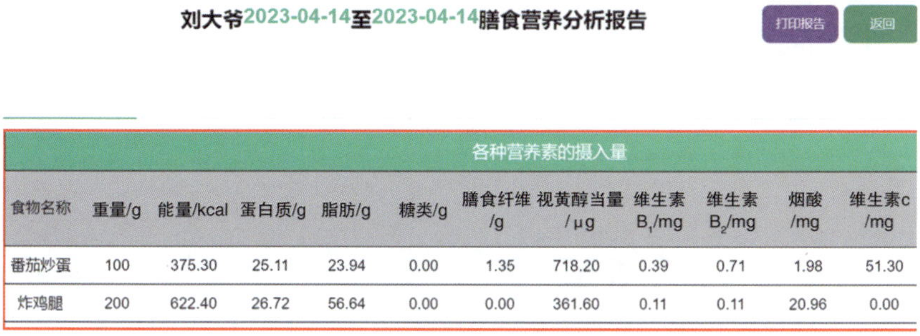

刘大爷2023-04-14至2023-04-14膳食营养分析报告　打印报告　返回

各种营养素的摄入量

食物名称	重量/g	能量/kcal	蛋白质/g	脂肪/g	糖类/g	膳食纤维/g	视黄醇当量/μg	维生素B_1/mg	维生素B_2/mg	烟酸/mg	维生素c/mg
番茄炒蛋	100	375.30	25.11	23.94	0.00	1.35	718.20	0.39	0.71	1.98	51.30
炸鸡腿	200	622.40	26.72	56.64	0.00	0.00	361.60	0.11	0.11	20.96	0.00

图 2-7-4　膳食营养分析报告

(5)运动与活动监测

1)运动的意义

运动可以帮助老年人消除孤寂、陶冶情操,让他们有积极的情绪面对生活。

2)监测功能

通过智能手环或移动设备的监测功能监测老年人的日常运动量(图2-7-5)、睡眠质量(图2-7-6)等,提供个性化的运动建议和活动安排。

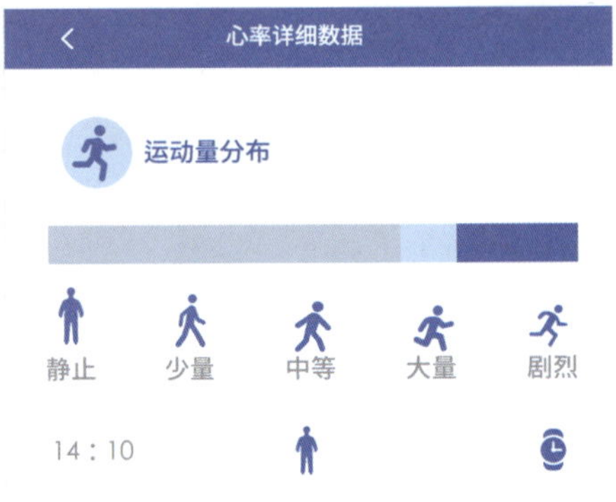

图2-7-5 日常运动量监测

图2-7-6 睡眠质量监测

(6)健康提醒与管理

1)提醒功能

通过系统的提醒功能及时提醒老年人吃药、检查健康指标、进行身体锻炼等,并提供健康管理计划。

2)数据分析与报告

系统通过对老年人的健康数据进行分析,生成健康报告、趋势图表和健康建议,为医护人员提供医疗决策依据。

通过健康管理模块,老年人可以更好地了解和管理自己的健康状况,获得个性化的健康指导和支持。

(7)手机App查询健康档案的方法

打开手机App,登录后点击我的健康(图2-7-7),即可看到自己的健康档案(图2-7-8)。

图2-7-7 我的健康

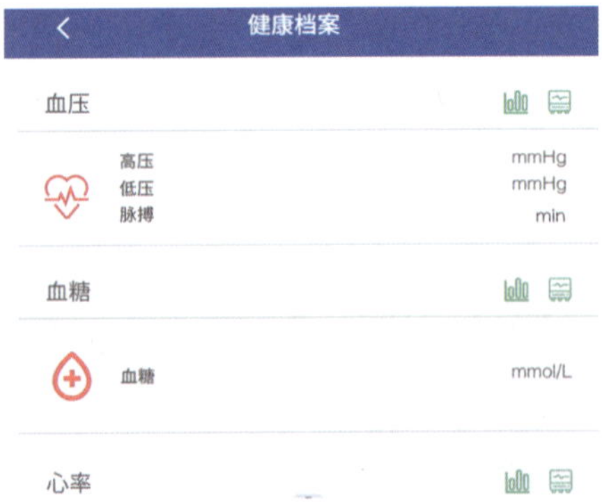

图2-7-8 健康档案

2. 技能操作

（1）操作准备

健康档案查询及管理前，需要做好必要的准备，见表2-7-5。

表2-7-5　健康档案查询及管理前的准备

类别	具体要求
环境准备	□具有Wi-Fi网络或移动数据 □室内温度为20~28 ℃ □相对湿度≤80% □光线柔和 □清洁卫生
照护人员准备	□按礼仪要求穿戴整齐，仪表端庄
用物准备	□智能手机

（2）操作实施

采用角色扮演法，两人一组，一人扮演老年人，另一人扮演照护人员，依次轮流交替进行任务实施，并将具体内容填写在表2-7-6中。

表2-7-6　健康档案查询及管理操作实施

类别	具体内容
个人信息	
平台信息	
健康档案查询	
健康档案管理	

检查评估

照护人员根据表2-7-7中的检查项目进行自我检查，并将检查结果和自我点评记录在表中。

表2-7-7 老年人健康档案管理检查记录表(照护人员自查)

序号	检查项目	检查结果	自我点评
1	是否穿工作服并保持服装整洁	是□ 否□	
2	是否洗净双手	是□ 否□	
3	是否了解老年人的基本情况	是□ 否□	
4	是否了解并熟练使用居家养老服务平台	是□ 否□	
5	是否了解我国老年人健康状态评估标准	是□ 否□	

服务对象根据表2-7-8中的检查项目对照护人员的服务情况进行检查,并将检查结果和结果点评记录在表中。

表2-7-8 老年人健康档案管理检查记录表(服务对象点评)

序号	检查项目	检查结果	结果点评
1	是否主动问好	是□ 否□	
2	是否主动进行自我介绍	是□ 否□	
3	服务态度是否和蔼,语言是否亲切	是□ 否□	
4	对老年人的称呼是否恰当,举止是否得体	是□ 否□	

教师根据表2-7-9中的检查项目对照护人员的任务完成情况进行检查,并将检查结果和结果点评记录在表中。

表2-7-9 老年人健康档案管理检查记录表(教师点评)

序号	检查项目	检查结果	结果点评
1	是否按时完成任务	是□ 否□	
2	团队协作是否顺畅	是□ 否□	
3	设备、用具及用品是否整理恢复	是□ 否□	
4	实训工位及实训室是否整理干净	是□ 否□	
5	工作页填写是否准确、完整	是□ 否□	

任务小结

- 老年人健康档案管理
  - 老年人健康档案建立
    - 居民健康档案
    - 建立健康档案的基本要求
    - 健康档案相关概念
    - 社区健康档案
    - 社区卫生服务资源
    - 健康档案的意义及类型
  - 老年人健康档案查询及管理
    - 健康档案管理模块功能介绍
    - 健康数据采集
    - 健康信息管理
    - 营养管理
    - 运动与活动监测
    - 健康提醒与管理
    - 手机App查询健康档案的方法

教学资源

任务八 健康风险综合评估与慢性病管理

任务导入

场景：某医院健康管理中心

人物：患者吴爷爷、照护人员小韩

情节：吴爷爷，69岁，身高171 cm，体重85 kg，行政单位退休人员。患2型糖尿病3年，目前空腹血糖8.7 mmol/L，餐后2 h血糖15.7 mmol/L，糖化血红蛋白8.8%，患高血压5年，患高脂血症2年。从以上信息可以看出，吴爷爷血糖控制不良，如果你是照护人员小韩，将如何对其进行健康管理？

任务目标

- 能够根据老年人健康档案数据分析结果，完成老年人健康风险评估。
- 能够根据老年人健康风险评估结果，通过平台预约医生对接慢性病管理服务。
- 能够指导老年人使用手机App，完成远程问诊及慢性病管理方案查询。

任务实施

（一）健康评估

1.知识学习

（1）健康数据统计分析

数据分析是指用适当的统计分析方法对收集来的大量数据进行分析，将它们加以汇总、理解和消化，以求最大化地开发数据的功能，发挥数据的作用。数据分析是为了提取有用信息和形成结论而对数据加以详细研究和概括总结的过程。

数据分析的目的是把隐藏在一大批看起来杂乱无章的数据中的信息集中和提炼出来,从而找出所研究对象的内在规律。在实际应用中,数据分析可帮助人们做出判断,以便采取适当行动。数据分析是有组织有目的地收集数据、分析数据,使之成为信息的。这一过程是质量管理体系的支持过程。在产品的整个寿命周期,包括从市场调研到售后服务和最终处置的各个过程都需要适当运用数据分析,以提升有效性。例如设计人员在开始一个新的设计前,要通过广泛的设计调查,分析所得数据以判定设计方向,因此数据分析在工业设计中具有极其重要的地位。医疗实时数据分析大屏如图2-8-1所示。

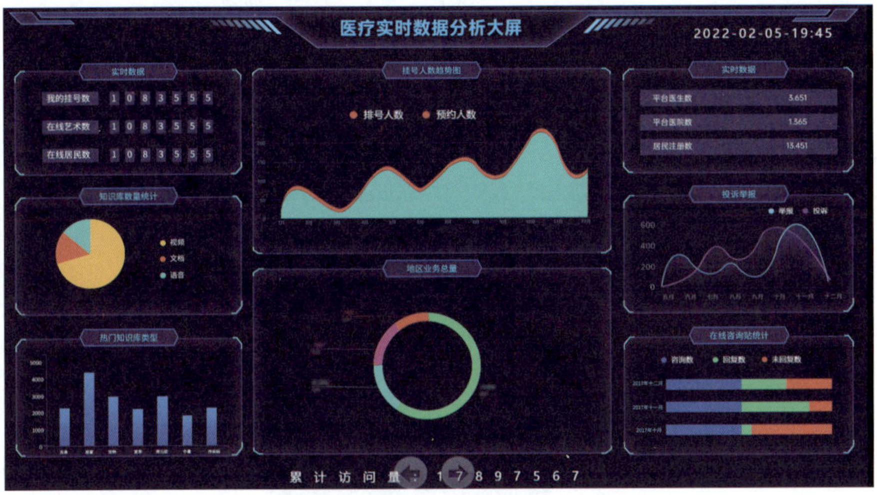

图2-8-1 医疗实时数据分析大屏

我国智慧养老产业主要包括智慧养老服务和智慧养老管理两个方面。智慧养老服务是通过智能信息技术等技术手段,将老年人的生活起居、健康医疗等服务以及养老机构、社区、政府、医护人员、社会服务商等紧密联系起来,为老年人提供高效、便捷、低成本的社会化、数字化、智能化的养老服务。智慧养老管理是基于互联网、物联网、云计算、大数据等技术手段,通过建立居家养老服务平台,整合养老服务资源,为老年人提供生活照料、健康医疗、护理康复、文化娱乐等全方位、信息化、智能化的养老服务。

(2)老年人健康评估

1)使用方法

老年人通过使用智能通信终端一键拨打服务热线进行求助,平台地图能迅速获取老年人位置。平台根据老年人的需求类别,选择相应的服务商,生成工单并派单,系统以短信形式通知服务商家,进而完成健康数据统计。

老人端App界面如图2-8-2所示。

图 2-8-2　老人端 App 界面

注意事项

○使用平台时，还要注意一些细节。如果平台经常出现断电、掉线等情况，可能是因为没有及时更新平台、Wi-Fi 网络信号差、设备电量不足或者设备自身故障等原因。因此，老年人应该注意检查设备，并及时更新平台。如果平台出现了问题，可将存在的问题反馈给平台客服。

2）数据分析

①智慧健康养老是利用物联网、云计算、大数据等新一代信息技术，实现个人、家庭、社区、机构与健康养老资源的有效对接和优化配置，推动健康养老服务智慧化升级，提升健康养老服务质量。

居家养老服务平台各板块使用比例如图 2-8-3 所示。

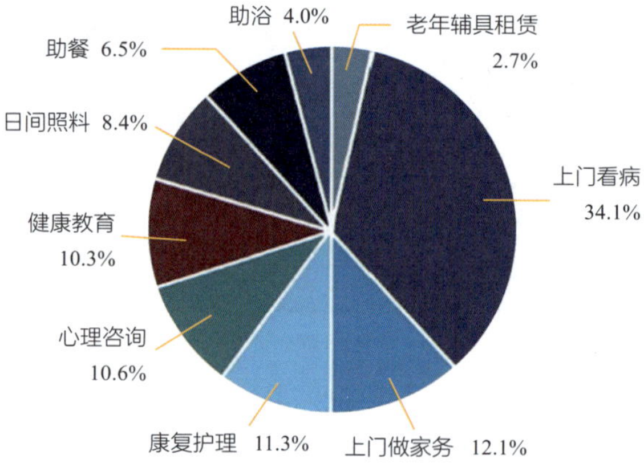

图 2-8-3　居家养老服务平台各板块使用比例

②目前我国最为先进的智慧养老解决方案是以社区为依托，通过在社区内部构建一个信息服务平台，为老年人提供医疗护理的相关服务，并且将各个养老机构的信息结合在一起，利用一些简单的社区软件，为老年人提供居家上门养老服务、远程监护等服务。

居家上门养老服务如图 2-8-4 所示。

图 2-8-4　居家上门养老服务

社区还提供日间照料、家庭监护等各种相关的服务，这些服务提供方式灵活多样，以老年人和家属的需求为导向，充分发挥社区在居家养老服务方面的作用。居家养老服务平台的作用如图2-8-5所示。

图2-8-5 居家养老服务平台的作用

③随着智能手机的普及，社区服务开始成为我国养老服务发展的主流，用户包括政府的决策者、管理者和老年人，如何运用新技术、新手段提升老年人的生活质量、提高他们的养老服务质量等事关其切身利益的议题都已成为智慧社区建设中的重点。在此背景下，物联网技术可以帮助老年人解决使用智能技术遇到的困难，更方便地完成医疗服务，给老年人提供更多的便利，从而满足社会各方的需求。

④居家养老服务平台的建立，将会打破传统养老模式的桎梏，从而实现由居家养老到社区养老的跨越式发展，并推动智慧养老走向社会的主流。通过建立完善的养老服务数据平台，同时不断扩大智慧养老的应用范围，向智慧养老方向发展，中国养老服务行业的智慧化程度将得到大幅提高。

服务订单数据展示平台如图2-8-6所示。

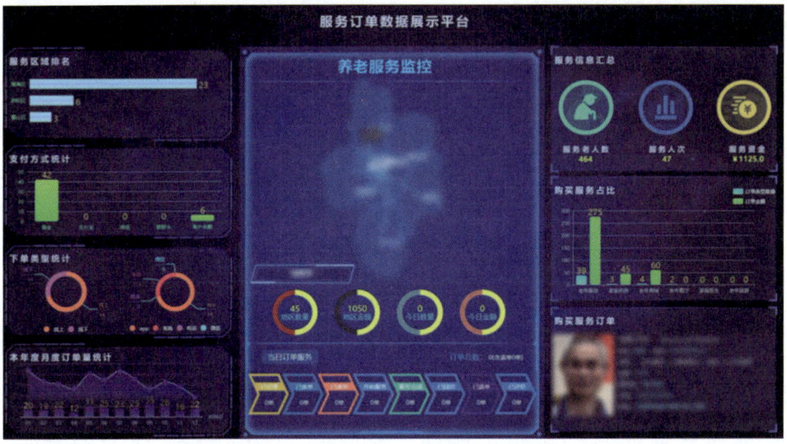

图2-8-6 服务订单数据展示平台

3)评估流程

①解释与沟通:向老年人解释健康数据统计分析的目的、意义;告知操作注意事项。

②健康评估:下载手机App;将老年人信息填入健康档案;点击生成健康数据;平台根据老年人的一般情况、生理数据、社会关系、兴趣爱好进行简单的分析,形成健康数据统计分析,并分析老年人的健康情况,建立医养个案管理团队,提供个性化、针对性的照护措施。

③整理记录:记录操作内容、时长、操作者、老年人感受及掌握程度。

2.技能操作

(1)操作准备

进行健康数据统计分析前,需要做好必要的准备,见表2-8-1。

表2-8-1 健康数据统计分析前的准备

类别	具体要求
环境准备	□具有Wi-Fi网络或移动数据 □室内温度为20~28 ℃ □相对湿度≤80% □光线柔和 □清洁卫生
照护人员准备	□按礼仪要求穿戴整齐,仪表端庄
用物准备	□智能手机

(2)操作实施

采用角色扮演法,两人一组,一人扮演老年人,另一人扮演照护人员,依次轮流交替进行任务实施,并将具体内容填写在表2-8-2中。

表2-8-2 健康数据统计分析记录表

操作步骤	具体内容
解释与沟通	
健康评估	
整理记录	

(二)慢性病管理

1.知识学习

(1)慢性病档案管理

慢性病档案是慢性病管理系统最核心的数据档案,支持后台管理员导出、导入和便捷查看等操作,提升管理员的工作效率。居家养老服务平台慢性病管理模块的数据支持导出、导入，操作十分便捷。

居家养老服务平台通过与不同机构的内部客户系统对接，例如在医院内部与医院HIS、体检等系统对接，自动同步被管理老年人的全部数据，形成老年人的基础数据。同时，在管理过程中录入、监测、评估等产生的数据，也会进一步完善老年人慢性病档案，如图2-8-7所示。

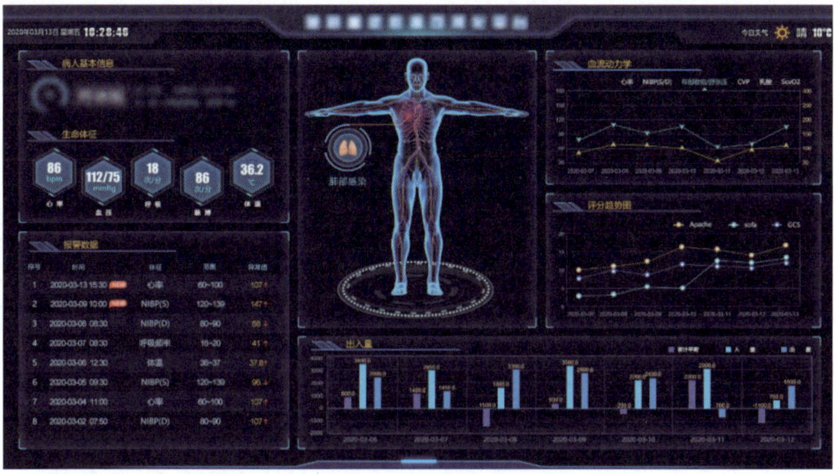

图2-8-7 老年人慢性病档案

(2)慢性病管理系统

建立老年人的慢性病档案之后，下一步就是对老年人的慢性病状况进行评估，并给出初步的评估结论和干预方案。慢性病管理系统会通过老年人的慢性病档案数据，例如家族史、现病史、指标数据、医疗检查数据、饮食数据、运动数据等，通过人工智能评估算法进行综合评估，最后给出疾病风险等级以及针对性的慢性病干预方案。

慢性病管理流程如图2-8-8所示。

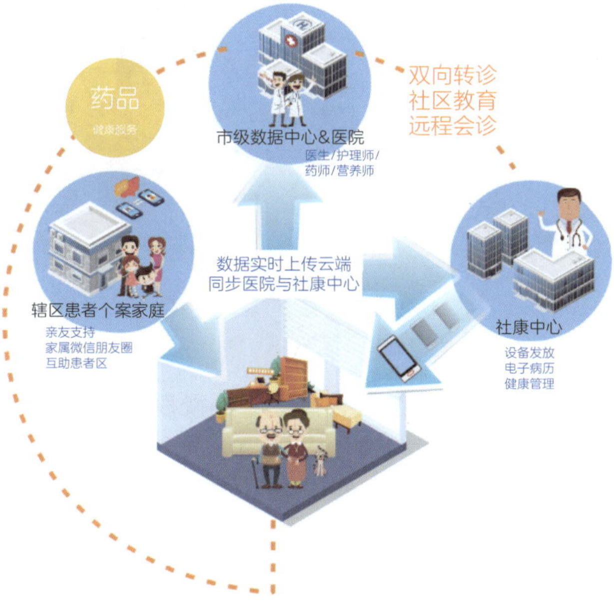

图2-8-8 慢性病管理流程

微课 慢病管理方案查询

(3)慢性病管理方案

慢性病管理系统包含上万种慢性病管理方案，可以供后台管理员为老年人开具针对性的管理方案，并发送给老年人，提升了管理员的管理方案开具效率。

系统内置智能方案引擎，该引擎采用人工智能算法，通过综合分析老年人的全方位数据，为老年人提供包含运动方案、膳食方案、心理方案、睡眠方案等全方位的方案内容。

(4)移动可穿戴设备

慢性病管理模块可连接针对各种指标的可穿戴设备，包含智能手表、智能血压计、智能血糖仪、蓝牙血氧仪、智能健康随诊包、蓝牙血脂仪等，基本能包含慢性病管理过程中需要的各种检测设备。老年人在家通过这些设备进行检测后，数据可以自动上传到慢性病管理模块。模块内含指标告警功能，当老年人的指标超出慢性病管理系统设置的正常值范围，就会对老年人及其家属发送告警信息（App提醒、微信提醒、短信提醒等方式）。移动可穿戴设备如图2-8-9所示。

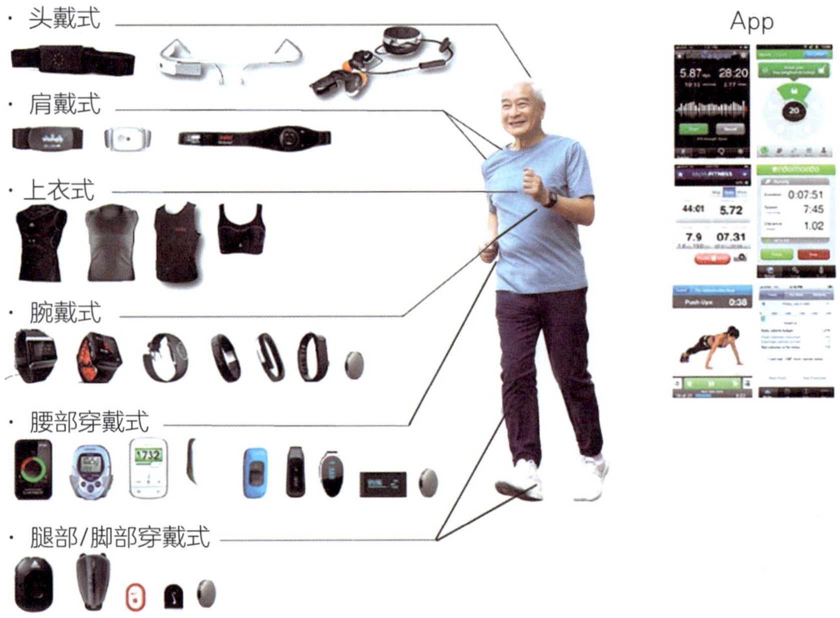

图2-8-9　移动可穿戴设备

(5)慢性病用药提醒

慢性病管理模块可以记录、存储老年人慢性病治疗过程中的用药情况，系统会持续监测老年人的用药情况，并根据用药数据规律性对老年人进行用药提醒，提升老年人用药的依从性，如图2-8-10所示。

图2-8-10　用药提醒

(6)慢性病管理操作步骤

①解释与沟通：向老年人解释慢性病管理的目的、意义；告知操作注意事项。

②慢性病管理：登录手机App，填写老年人姓名、联系方式、身份证号、密码，登录App；进入主界面中“我的”，查看个人健康档案信息；点击健康档案统计分析，查看健康数据；返回主页，点击预约服务；将健康统计分析结果发给慢性病管理医生，预约医生，形成慢性病管理个案分析。

③整理记录：记录老年人的学习内容、掌握程度、学习时长及感受等。

2.技能操作

(1)操作准备

进行慢性病管理操作前，需要做好必要的准备，见表2-8-3。

表2-8-3　慢性病管理操作前的准备

类别	具体要求
环境准备	□具有Wi-Fi网络或移动数据 □室内温度为20~28 ℃ □相对湿度≤80% □光线柔和 □清洁卫生
照护人员准备	□按礼仪要求穿戴整齐，仪表端庄
用物准备	□智能手机

(2)操作实施

采用角色扮演法，两人一组，一人扮演老年人，另一人扮演照护人员，依次轮流交替进行任务实施，并将具体内容填写在表2-8-4中。

表2-8-4 慢性病管理操作记录表

类别	具体内容
个人信息	
慢性病管理服务	

(三)远程问诊及慢性病管理方案查询

1.知识学习

(1)手机App远程问诊

通过居家养老服务平台,医生可以与老年人进行实时的远程问诊和咨询。医生可以通过视频通话的方式与老年人进行面对面的沟通。这种方式相比传统的电话咨询更加生动直观。医生可以通过视频观察老年人的面色、表情和体态,更好地判断老年人的病情和需要采取的治疗方案。手机App远程问诊如图2-8-11所示。

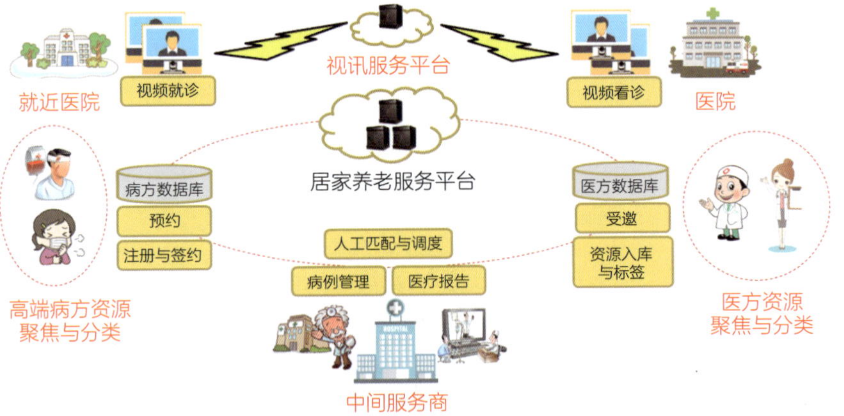

图2-8-11 手机App远程问诊

(2)在线咨询

在老年人急需咨询医生且出行困难的情况下，只需打开手机App，填写咨询问题和病情描述，即可向医生发起在线咨询。医生会在第一时间回复，并给出专业的解决方案。此功能对于一些慢性病患者来说尤其重要，他们可以随时随地得到医生的指导，避免病情加重。

(3)药物配送服务

使用药物配送服务(图2-8-12)的老年人可以选择将药物送至自己家门口，无须亲自去药店购买。这对于一些行动不便的老年人来说非常方便，也节省了他们的时间和精力。同时，系统还会贴心地提醒老年人药物的服用时间，确保他们按时按量服药。药物配送服务不仅减少了老年人的痛苦，也提高了治疗的效率。

图2-8-12 药物配送服务界面

(4)健康管理功能

通过健康管理功能，老年人可以记录自己的身体指标，如体重、血压、血糖等。这些数据可以自动生成曲线图，帮助老年人更好地了解自己的健康状况。此外，系统还会根据老年人的身体指标提供一些建议和健康管理方案，帮助老年人更好地管理自己的身体。以血压为例，其统计结果如图2-8-13所示。

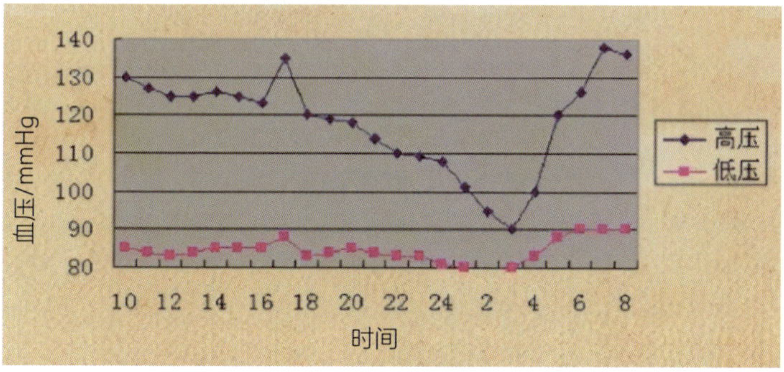

图2-8-13 血压统计结果

(5)健康档案、慢性病管理方案查询

1)健康档案

老年人管理：包括老年人列表、查询、导入、导出、管理状态、特征标签。

体检报告：支持体检数据采集、上传、添加，支持对体检项目和异常情况的自动解释分析，支持历年体检数据对比。

调查问卷：支持健康问卷的录入、导入。

诊疗记录：支持采集、记录老年人就医、住院、用药、检查等情况。支持基层医疗国际分类(ICPC)及SOAP模式。

基本体征：支持检测设备自动记录分析老年人日常自我检查的健康数据，如体重、血压等。

2)健康管理报告

查看档案：随时随地查看健康档案和管理方案。

健康数据：完整记录就医数据、检查检验数据、设备自测数据，可由医生或系统自动进行分析和指导。

跟踪报告：对一段时间内的跟踪计划和检验检测数据提供阶段性报告，显示健康概要、异常标识、各维度风险评估，支持完整、分科、项目进行横向、纵向对比。

在线互动：支持与平台进行在线互动。

3)知识库管理与健康教育

慢性病健康方案管理：支持常见慢性病的目标、药物、饮食、运动等管理内容的维护。

慢性病宣教内容管理：对慢性病的常见检测和处理方法等内容进行维护。

健康宣教：支持针对性地分发健康宣教或健康跟踪类的信息文章。

慢性病管理互动：支持短信、邮件、在线消息的模板管理。

2.技能操作

(1)操作准备

使用远程问诊、药物配送服务前，需要做好必要的准备，见表2-8-5。

表2-8-5 远程问诊、药物配送服务前的准备

类别	具体要求
环境准备	□具有Wi-Fi网络或移动数据 □室内温度为20~28 ℃ □相对湿度≤80% □光线柔和 □清洁卫生
照护人员准备	□按礼仪要求穿戴整齐，仪表端庄
用物准备	□智能手机

(2)操作实施

采用角色扮演法，两人一组，一人扮演老年人，另一人扮演照护人员，依次轮流交替进行任务实施，并将操作过程填写在表2-8-6中。

表2-8-6 远程问诊、药物配送服务操作记录表

类别	操作过程
远程问诊	
药物配送	
画出患者一天的血压、血糖曲线图	

检查评估

照护人员根据表2-8-7中的检查项目进行自我检查，并将检查结果和自我点评记录在表中。

表2-8-7 健康风险综合评估与慢性病管理检查记录表（照护人员自查）

序号	检查项目	检查结果	自我点评
1	是否穿工作服并保持服装整洁	是□ 否□	
2	是否掌握评估流程	是□ 否□	
3	是否会使用平台预约医生	是□ 否□	
4	是否能够管理老年人健康信息	是□ 否□	
5	是否能够查询慢性病管理方案	是□ 否□	

服务对象根据表2-8-8中的检查项目对照护人员的服务情况进行检查，并将检查结果和结果点评记录在表中。

表2-8-8 健康风险综合评估与慢性病管理检查记录表（服务对象点评）

序号	检查项目	检查结果	结果点评
1	服务态度是否和蔼，语言是否亲切	是□ 否□	
2	操作是否流畅	是□ 否□	
3	是否完成健康评估	是□ 否□	
4	系统是否有用药提醒	是□ 否□	
5	手机远程问诊是否熟练	是□ 否□	

温馨提示

○确保您从正规的应用商店下载App，以避免下载到恶意软件或病毒。另外，根据您所在的地区和国家，可能会有不同的App可供选择。在选择App时，可以查看用户评价、评论和开发者信息，以确保选择一个安全可靠的App。

教师根据表2-8-9中的检查项目对照护人员的任务完成情况进行检查，并将检查结果和结果点评记录在表中。

表2-8-9 健康风险综合评估与慢性病管理检查记录表（教师点评）

序号	检查项目	检查结果	结果点评
1	是否按时完成任务	是□ 否□	
2	团队协作是否顺畅	是□ 否□	
3	设备、用具及用品是否整理恢复	是□ 否□	
4	实训工位及实训室是否整理干净	是□ 否□	
5	工作页填写是否准确、完整	是□ 否□	

任务小结

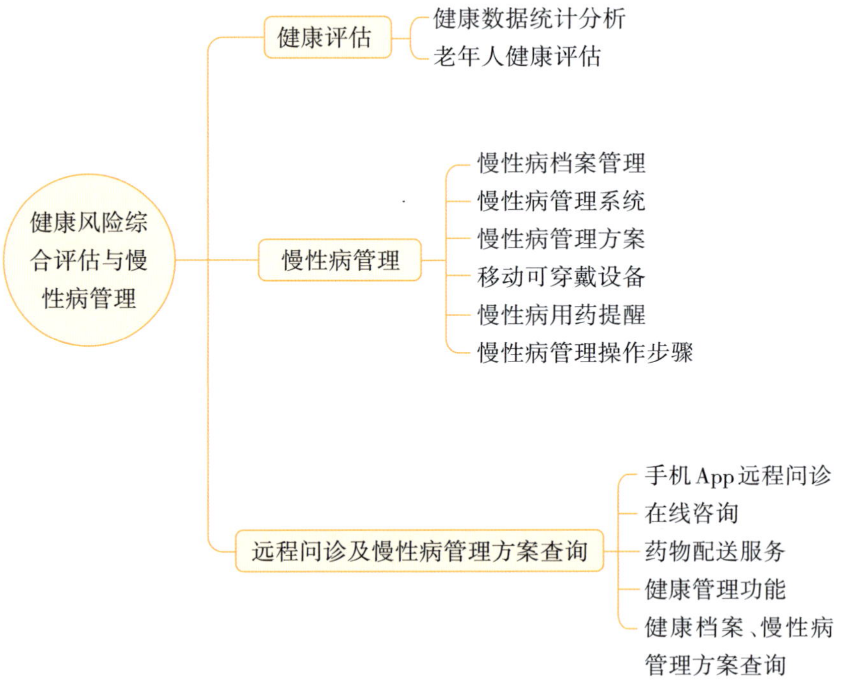

任务九　老年人数字化健康教育

教学资源

任务导入

场景：某市协和颐养中心

人物：王奶奶、照护人员小英

情节：王奶奶，85岁，身高155 cm，体重60 kg，退休纺织工人，一儿一女均在外地工作，丧偶，喜欢养生，平日里注重健康管理。近日，王奶奶想通过互联网参加知识讲座，线上学习健康知识，照护人员小英需要教会王奶奶通过智能手机获取健康知识，如果你是小英，该怎么做？

任务目标

- 能够指导老年人通过微信公众号等新媒体媒介学习健康知识。
- 能够根据老年人健康信息数据分析结果，使用平台完成健康教育内容网络推送。

任务实施

(一)数字化教育

1.知识学习

(1)数字化教育的定义及类型

数字化教育是一种利用现代数字技术，将传统教育方式和内容进行改进升级、扩展和创新的教育方法，可以概括为如下几点：

1)在线学习平台

在线学习平台提供在线学习资源和课程，学生可以通过互联网在任何地方进行学习，随时随地获取教育内容。

2)远程教育

通过视频会议、在线教室等远程技术，实现教师与学生之间的实时互动和远程教学。

3)智能化教育工具

智能化教育工具包括教学软件、应用程序和教学工具，可以提供个性化的学习体验和智能化的学习辅助。

4)社交媒体和协作工具

利用社交媒体平台和协作工具，促进学生之间的互动和合作，共享学习资源和知识。

5)数据分析与个性化学习

通过收集和分析学生的学习数据，提供个性化的学习建议和适应性教学，帮助学生更高效地学习。

(2)数字化教育的作用

1)加强新型基础设施建设

从区域和学校角度，持续建设信息网络、平台系统、数字资源、智慧校园、创新应用等新型基础设施。打造智慧教育公共服务平台，统筹学习、教学和管理过程中的大数据，建立教育大数据仓，促进教育数据的贯通共享，组建教育大脑，统筹推进数据融合融通，面向学生、教师和学校建立数据应用和分析模式。

2)推进课堂教学过程数字化

教育阵地在课堂，课堂教学是数字化转型的核心，但是当前多模态数据的分析与应用类技术和产品还不成熟，基于传统要素的教学数字化还存在瓶颈和障碍。可以借助于传统纸质课本和练习本，也可以借助于电子教材等数字设备，还可以应用智能化教学工具，让课堂教学过程的数据可用、好用，培养学生的新型能力。

3)培养以数字能力为基础的新型能力

为了适应社会的数字化改革，更好地应对快速变化的世界，创新人才培养模式，以数字能力为核心的新型学生能力培养是关键。要加大人力资源投入，更新教师观念，提高数字化教学能力，落实面向未来的新型能力培养目标，创新技术增强的教学模式。

4)形成可持续发展文化和多部门协同机制

教育数字化转型是全要素、全流程、全业务和全域的数字化过程，要建立持续改进的文化，统筹规划建设与维护更新的关系，建立持续关注和投入的机制，同时推动组织和学校建立可持续改进的意识。

(3)数字化教育的意义

加快建设教育强国，推进教育数字化是重要内容。当今世界，科技进步日新月异，互联网、云计算、大数据等现代信息技术深刻改变着人类的思维、生产、生活、学习方式，开辟了广阔的发展前景。随着信息技术发展，推动教育变革和创新是各个国家共同面临的重大课题。我们要从战略高度深刻认识教育数字化的重大意义。

数字化教育是建设教育强国的必然要求。教育兴则国家兴，教育强则国家强。党的二十大将“建成教育强国”列入2035年我国发展的总体目标。当前，教育理念和教育体系中的一些内容与数字时代发展要求相比还有差距，教育领域的一些难点、堵点有待进一步解决。推进教育数字化，以数字技术为教育赋能，有利于各级各类教育高质量发展，推动教育强国建设提速增效。

数字化教育是办好人民满意教育的迫切要求。我们建设教育强国的最终目的是办好人民满意的教育。当前，我国教育发展还存在一些亟待解决的问题，影响着我们办好人民满意的教育。教育数字化可以提供个性化、系统化的学习方案，为每个学生提供合适的教育，更好地满足人民群众“上好学”的需要。同时，数字技术可以有效扩大优质教育资源覆盖面，缩小教育的城乡、区域、校际、群体差距。

新时代新征程，要以教育数字化开辟教育发展新赛道、塑造教育发展新优势，必须因时而进、因势而新，构建数字时代的教育新形态。这就要求我们突破传统教育制度体系的路径依赖，准确把握发展目标，以数字变革推进教育强国建设。

（二）新媒体媒介学习

1.知识学习

（1）手机App健康知识学习功能

许多健康App可以帮助人们更全面地了解自己的健康状况，追踪人们的步数、心率、睡眠时间等健康数据，并将这些数据以图表和报告的形式呈现，使人们更加直观地了解自己的健康状况。此外，一些健康App还可以提供专业的健康评估和指导，帮助人们更好地管理自己的健康状况。

手机App健康知识学习功能可以帮助人们更好地掌握健康知识和获取专业的健康建议。例如，许多健康App和数字平台提供健康资讯、专家博客和社区问答等服务，帮助人们了解最新的健康资讯和研究成果，获取专业的健康建议和指导。此外，一些数字化健康服务还可以提供在线问诊和健康咨询等服务，方便人们在家中就可以获取专业的医疗服务。

微课 运用手机App进行健康知识学习

（2）微信公众号获取健康知识流程

①打开微信App，输入手机号码，获取手机验证码，登录微信。

②关注老年健康生活相关的公众号。

③查看订阅信息，如高血压的临床表现、高血压的预防措施等。

2.技能操作

(1)操作准备

通过微信公众号获取健康知识前,需要做必要的准备,见表2-9-1。

表2-9-1　获取健康知识前的准备

类别	具体要求
环境准备	□具有Wi-Fi网络或移动数据 □室内温度为20~28 ℃ □相对湿度≤80% □光线柔和 □清洁卫生
照护人员准备	□按礼仪要求穿戴整齐,仪表端庄
用物准备	□智能手机

(2)操作实施

采用角色扮演法,两人一组,一人扮演老年人,另一人扮演照护人员,依次轮流交替通过微信公众号获取健康知识,并将具体内容填写在表2-9-2中。

表2-9-2　获取健康知识操作记录表

类别	具体内容
高血压的临床表现	
高血压的预防措施	

(三)精准推送健康教育信息

1.知识学习

(1)信息推送流程

居家养老服务平台是在家庭环境中为老年人提供全方位养老服务的重要平台。它旨在满足老年人日常生活中的各种需求,提供有针对性的护理和关怀,提升他们的生活质量和幸福感。居家养老服务平台具有多种功能和服务,包括日常生活照料、医疗服务、社交活动、心理支持等。无论是基本的日常生活照料,如饮食、洗漱、穿衣,还是专业的医疗服务,如药物管理、疾病监护,平台都能提供全面的帮助。

居家养老服务是指以家庭为核心，以社区为依托，以专业化服务为依靠，为居住在家的老年人提供以解决日常生活困难为主要内容的社会化服务。服务形式有两种：由经过专业培训的服务人员上门为老年人开展照料服务；在社区创办老年人日间服务中心，为老年人提供日托服务。服务对象一般是三无老人。2016年我国老龄人口突破2.3亿大关，老龄人口比例超过老龄化标准，我国已进入老龄化社会。随着老年人口不断增多，各地开始对养老福利模式进行积极的探索，居家养老服务应运而生。

使用居家养老服务平台获取健康教育内容推送流程如图2-9-1所示。

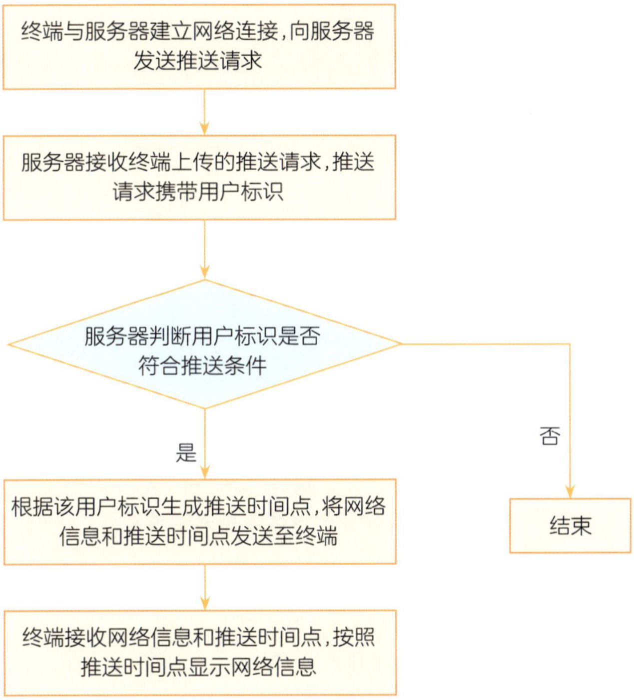

图2-9-1 健康教育内容推送流程

(2)获取健康教育信息

①进入居家养老服务平台登录页面，输入个人信息，选择所在的区域，收到验证码后点击登录(图2-9-2)。

图2-9-2 登录页面

②获取健康知识二维码后，使用微信"扫一扫"扫码。

③关注"×××健康知识"公众号，点击收到的消息，跳转后填入信息完成注册。

④完成注册后，可以阅读系统内容，系统也会根据阅读次数定制推送内容。推送页面如图2-9-3所示。

图2-9-3 推送页面

2.技能操作

(1)操作准备

获取健康教育信息前，需要做好必要的准备，见表2-9-3。

表2-9-3 获取健康教育信息前的准备

类别	具体要求
环境准备	□具有Wi-Fi网络或移动数据 □室内温度为20~28 ℃ □相对湿度≤80% □光线柔和 □清洁卫生
照护人员准备	□按礼仪要求穿戴整齐，仪表端庄
用物准备	□智能手机

(2)操作实施

采用角色扮演法，两人一组，一人扮演老年人，另一人扮演照护人员，依次轮流交替获取健康教育信息，并将具体内容填写在表2-9-4中。

表2-9-4 获取健康教育信息操作记录表

操作步骤	具体内容
登录居家养老服务平台	
获取健康知识二维码	
关注微信公众号	
阅读系统内容	

检查评估

照护人员根据表2-9-5中的检查项目进行自我检查，并将检查结果和自我点评记录在表中。

表2-9-5 老年人数字化健康教育检查记录表（照护人员自查）

序号	检查项目	检查结果	自我点评
1	是否穿工作服并保持服装整洁	是□ 否□	
2	是否清洁双手并消毒	是□ 否□	
3	沟通是否自然、亲切、得体	是□ 否□	
4	是否将用物准备齐全	是□ 否□	
5	是否清晰地为老年人介绍操作任务、目的、注意事项	是□ 否□	
6	老年人是否明白操作任务	是□ 否□	
7	老年人是否配合完成操作	是□ 否□	

照护对象根据表2-9-6中的检查项目对照护人员的服务情况进行检查，并将检查结果和结果点评记录在表中。

表2-9-6 老年人数字化健康教育检查记录表（照护对象点评）

序号	检查项目	检查结果	结果点评
1	服务态度是否和蔼，语言是否亲切	是□ 否□	
2	操作是否流畅	是□ 否□	
3	操作是否有针对性	是□ 否□	
4	操作是否遵循安全原则	是□ 否□	

教师根据表2-9-7中的检查项目对照护人员的任务完成情况进行检查，并将检查结果和结果点评记录在表中。

表2-9-7 老年人数字化健康教育检查记录表（教师点评）

序号	检查项目	检查结果	结果点评
1	是否按时完成任务	是□ 否□	
2	团队协作是否顺畅	是□ 否□	
3	设备、用具及用品是否整理恢复	是□ 否□	
4	实训工位及实训室是否整理干净	是□ 否□	
5	工作页填写是否准确、完整	是□ 否□	

任务小结

- 老年人数字化健康教育
  - 数字化教育
    - 数字化教育的定义及类型
    - 数字化教育的作用
    - 数字化教育的意义
  - 新媒体媒介学习
    - 手机 App 健康知识学习功能
    - 微信公众号获取健康知识流程
  - 精准推送健康教育信息
    - 信息推送流程
    - 获取健康教育信息

情境三
大数据机构养老

情境介绍

本情境包括老年人健康监管与照护、大数据亲情服务、老年人营养评估与科学配餐、平台运行与健康数据分析四项任务。

老年人健康监管与照护任务涵盖了机构健康养老大数据认知、机构智能化监测设备使用方法及原理、机构养老服务平台老年人照护模块功能介绍、安全照护和睡眠照护等知识；大数据亲情服务任务涵盖了大数据亲情服务模式、手机端亲情服务模块功能介绍、基于亲情服务数据统计的服务改进计划等知识；老年人营养评估与科学配餐任务涵盖了机构养老服务平台营养评估模块功能介绍、食堂智能化饮食习惯信息收集设备使用方法及原理、手机端科学配餐方案推送功能介绍等知识；平台运行与健康数据分析任务涵盖了机构养老服务平台运行原理、机构养老智能化终端设备介绍、老年人健康数据分析维度、机构养老服务平台健康管理模块功能介绍等知识。

情境目标

- 能根据机构智能化监测设备的使用方法和原理，收集老年人健康信息。
- 能依据红外监测数据，使用机构养老服务平台，完成老年人安全照护。

- 能依据睡眠监测数据，使用机构养老服务平台，完成老年人睡眠照护。
- 能通过手机端亲情服务模块功能，促进老年人与家属的亲情互动。
- 能根据手机端亲情服务时间、服务频次及服务评价等数据统计，制订服务改进计划。
- 能使用机构养老服务平台，收集老年人饮食健康档案，完成老年人营养评估。
- 能使用食堂智能化设备，收集老年人饮食习惯信息。
- 能根据老年人饮食习惯信息统计结果，通过手机 App 向老年人推送科学配餐方案。
- 能根据机构养老服务平台运行原理，结合智能化终端设备，采集机构老年人健康信息。
- 能根据机构养老服务平台采集的健康数据，完成老年人健康数据分析。

任务十 老年人健康监管与照护
任务十一 大数据亲情服务
任务十二 老年人营养评估与科学配餐
任务十三 平台运行与健康数据分析

任务十 老年人健康监管与照护

教学资源

任务导入

场景：某养老机构

人物：张爷爷、照护人员小李

情节：在某养老机构中，有一位张爷爷。他今年80岁，患有心脏病、糖尿病等多种疾病，需要特别关注和照顾并实时跟踪各项身体健康指标。同时，张爷爷患有认知障碍，时常自主离床，存在较高的跌倒风险与各项安全隐患。近期张爷爷夜间出现失眠与呼吸暂停等睡眠障碍。如果你是照护张爷爷的照护人员小李，会如何利用各项机构智能化监测设备与机构养老服务平台的各项模块，收集张爷爷的健康信息，并完成安全照护指导与睡眠照护？

任务目标

- 能根据机构智能化监测设备的使用方法和原理，收集老年人健康信息。
- 能依据红外监测数据，使用机构养老服务平台，完成老年人安全照护。
- 能依据睡眠监测数据，使用机构养老服务平台，完成老年人睡眠照护。

任务实施

（一）机构智能化监测

1. 知识学习

（1）机构健康养老大数据认知

机构健康养老大数据是指利用现代信息技术，如物联网、云计算、大数据和人工智能等，收集、处理和分析老年人的相关数据，以提供更加智能、高效和个性化的养老服务。这些数据包括老年人的健康状况、生活习惯、社会活动等数据，通过数据挖掘和分析，深入了解老年人的需求和问题，并提供相应的解决方案。机构健康养老大数据可以提高老年人的生活质量，减轻家庭和社会的养老负担，并实现老年人智能化生活的可持续发展。

1)机构健康养老大数据的组成部分

①个人信息数据：包括姓名、年龄、性别、联系方式、家庭住址等。

②健康状况数据：包括身体状况、疾病历史、用药情况、体检结果等。

③生活习惯数据：包括饮食、运动、睡眠等。

④社会活动数据：包括社交情况、活动参与情况等。

⑤服务需求数据：包括服务需求、服务使用情况等。

⑥服务评价数据：包括对服务质量的评价、满意度等。

2)机构健康养老大数据的意义

①个性化服务：通过对老年人的个人信息、健康状况、生活习惯和社会活动等数据的收集和分析，可以提供更加个性化、精准和高效的养老服务，满足老年人的不同需求。

②健康管理：机构健康养老大数据可以帮助养老机构对老年人的健康状况进行监测和管理，及时发现健康问题并采取相应的措施，提高老年人的健康水平和生活质量。

③预警和应急响应：通过对老年人的健康状况数据和生活习惯数据的实时监测和分析，可以及时发现老年人的异常情况，如突发疾病、摔倒等，及时采取相应的应急措施，保障老年人的生命安全。

④科学决策和管理：机构健康养老大数据可以帮助养老机构进行科学决策和管理，提高服务质量和效率，如制订更加合理的服务计划、优化资源配置等。

⑤推动养老产业发展：机构健康养老大数据的应用可以推动养老产业的发展，促进相关技术、设备和软件系统的研发和应用，为养老服务提供更加智能化、高效和便捷的解决方案。

3)机构健康养老大数据的应用范围

机构健康养老大数据的应用范围见表3-10-1。

表3-10-1 机构健康养老大数据的应用范围

类别	具体内容
健康管理	通过智能设备收集老年人的健康数据，包括心率、血压、血糖、睡眠质量等，进行分析和处理，为老年人提供个性化的健康管理方案
康复与照护服务	根据老年人的身体状况和康复需求，提供康复训练、生活照料、精神慰藉等服务，促进老年人的康复

续表

类别	具体内容
长期照护服务	针对老年人长期照护的需求,提供长期照护服务,包括饮食起居、卫生清洁等
养老机构管理	通过机构健康养老大数据平台,实现对养老机构的管理和监督,包括床位管理、入住率分析、服务质量监控等
养老机构数据	包括养老机构的类型、数量、床位数、入住率等。这些数据可以反映养老机构的供给情况和运营状况
政策决策支持	机构健康养老大数据的分析结果可以为政府提供政策决策支持和规划参考,推动健康养老产业的发展

机构健康养老大数据的特点在于其跨学科性、实时性、准确性和科学性,可以实现对老年人个性化需求的精准把握和服务资源的优化配置,提高老年人的生活品质。

(2)机构智能化监测设备

1)设备类型

机构智能化监测设备类型见表3-10-2。

表3-10-2 机构智能化监测设备类型

设备类型	具体设备	设备功能
无线呼叫器类	包括智能手环、智能手表、一键呼叫器等	具有SOS紧急呼叫、双向通话、GPS定位等功能
智能手环类	包括智能手环、智能手表等	监测心率、睡眠质量、活动步数等
红外探测类	红外探测仪、红外热像仪等	监测日常活动轨迹,对于超出正常范围的异常活动做出及时预警,协助老年人及时寻求帮助
智能床垫类	智能床垫	监测睡眠状况,如翻身次数、呼吸、心率等,具有评估睡眠质量等功能
智能照护类	智能床带、远程问诊视频通信设备、人流统计摄像头、摔倒报警器、燃气报警器、水浸报警器、烟雾报警器等	具有主动报警和被动报警相结合的功能

2)使用原理

机构智能化监测设备通过先进的传感技术、物联网技术、大数据分析技术以及人工智能技术,对老年人的健康状况、生活行为等进行实时监测和分析。

这些设备会通过各种传感器(如体温计、心率监测器、摄像头等)实时监测老年人的生活状态和健康状况，如心率、血压、睡眠情况等。监测数据通过互联网传输到远程服务器，经过算法分析后，可以及时发现异常情况，如跌倒、疾病恶化等，并通过系统后台、手机App等及时通知相关照护人员或家人。

设备内部的算法会对数据进行分析和处理。通过将老年人的生理指标数据与康养数据库中的标准数据进行比对，得出老年人的健康状况评估结果以及相关建议。这些算法是根据大量的医学数据和统计模型训练得出，能够为老年人提供个性化的康养方案和健康管理建议。设备通常配备了相应的手机App，老年人可以通过这些App了解自己的健康数据、分析报告及康养计划。App还可以为老年人提供远程监护、健康预警、社交互动等功能，使老年人能够更好地管理自己的健康。

3）操作方法

以通过智能手表（图3-10-1）收集老年人心率数据的操作为例，正确操作流程如下：

①检查智能手表是否可以正常运行，确保电量充足，并已按厂家说明进行联网。

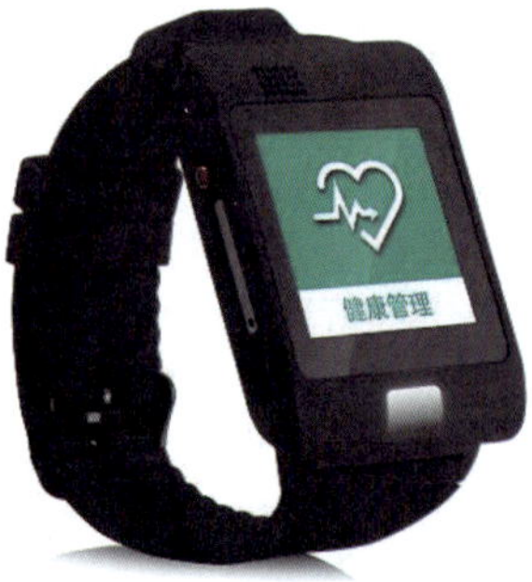

图3-10-1　智能手表

②为老年人佩戴智能手表。

③在电脑端打开某机构养老服务平台，输入账号、密码及验证码，单击登录，登录账号（图3-10-2）。

图3-10-2　某机构养老服务平台登录界面

微课 机构智能化监测设备操作方法

注意事项

○确定智能手表的佩戴位置：应比老年人腕骨处高出约一指宽度，智能手表背部设有心率显示灯，佩戴时应紧贴老年人皮肤，避免造成测量误差。

○选择合适的佩戴手：智能手表复合按键设置在表盘右侧，建议佩戴在老年人左手。

○智能手表的放置方式：智能手表闲置时，应按照智能手表表背朝上的方式放置，以避免心率显示灯接触其他异物导致心率测量不精准。

④进入照护功能模块，单击智能手表管理栏下的设备管理，进入设备管理（图3-10-3）。

图3-10-3　设备管理

⑤单击添加设备，选择所属服务组织，填入手表设备编号，选择手表标识（图3-10-4）。

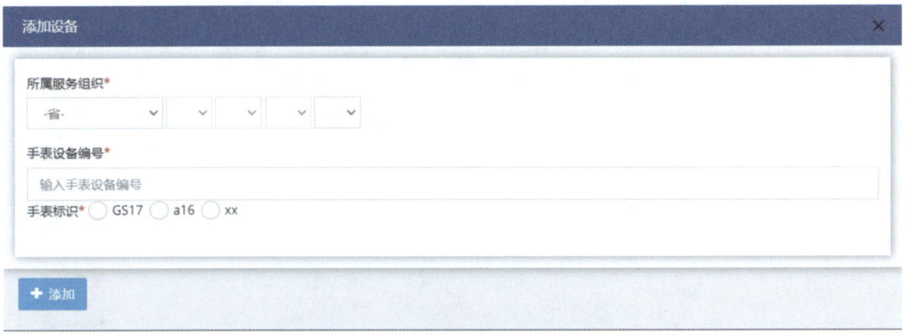

图3-10-4　添加设备（智能手表）

⑥添加完毕后，单击智能手表管理栏下心率测量列表，即可查看老年人的实时心率监测情况（图3-10-5）。

图3-10-5　心率测量列表

⑦同理,该操作流程也适用于智能血压计(图3-10-6)等机构智能化监测设备。

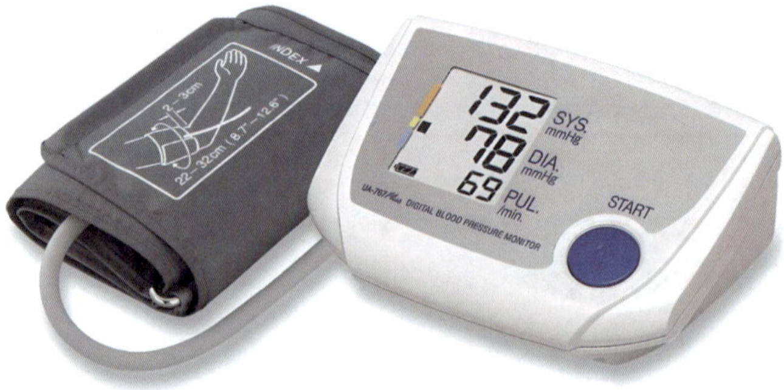

图3-10-6　智能血压计

智能血压计管理如图3-10-7所示。

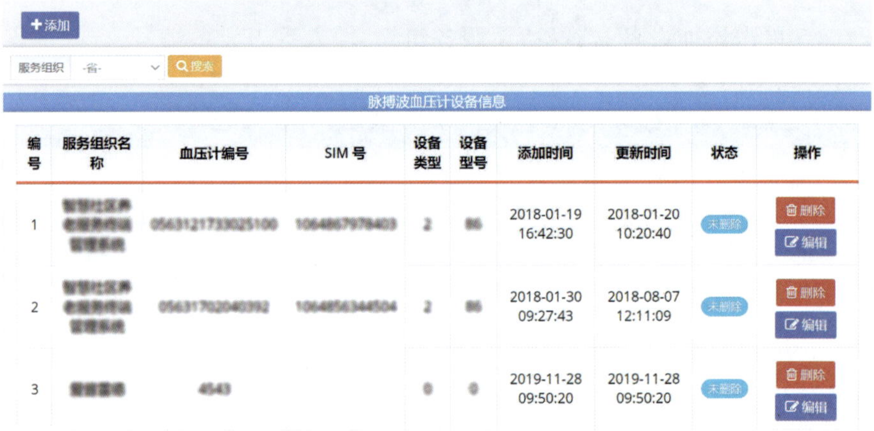

+添加

服务组织 -省- 搜索

脉搏波血压计设备信息

编号	服务组织名称	血压计编号	SIM 号	设备类型	设备型号	添加时间	更新时间	状态	操作
1	[illegible]	[illegible]	[illegible]	2	[illegible]	2018-01-19 16:42:30	2018-01-20 10:20:40	未删除	删除 编辑
2	[illegible]	[illegible]	[illegible]	2	[illegible]	2018-01-30 09:27:43	2018-08-07 12:11:09	未删除	删除 编辑
3	[illegible]	4543		0	0	2019-11-28 09:50:20	2019-11-28 09:50:20	未删除	删除 编辑

图3-10-7　智能血压计管理

2.技能操作

以通过智能手表收集张爷爷心率数据的操作为例,按照下列内容依次进行操作。

(1)操作准备

按表3-10-3中的内容做好心率数据收集前的准备。

表3-10-3　心率数据收集前的准备

类别	准备内容
硬件准备	一块电量充足的智能手表、一台已联网的电脑
软件准备	某机构养老服务平台及可用账号

(2)与老年人沟通

在完成准备内容后，需在正式操作前，与张爷爷进行沟通，沟通内容见表3-10-4。

表3-10-4　心率数据收集前的沟通内容

沟通项目	沟通内容
智能手表佩戴说明	向张爷爷说明智能手表的佩戴方法，并确保他理解如何正确佩戴手表。可以向他展示正确的佩戴步骤，并解释手表尺寸的调整方法和可能的不适感
心率数据收集的目的	与张爷爷沟通通过智能手表收集心率数据的目的，如实现实时健康追踪等
数据隐私和保护	与张爷爷讨论智能手表收集的健康数据隐私和保护问题。确保他了解这些数据将如何被使用和保护，并向他提供访问和删除个人数据的选项
日常使用注意事项	提醒张爷爷在使用智能手表时需要注意的事项，如避免手表接触到水或其他液体，避免手表受到强烈的冲击或震动等
定期更新和调整	与张爷爷约定定期更新智能手表软件和调整健康追踪设置的日期和方式

注意事项

○ 与张爷爷沟通时，照护人员应尊重老年人的生活习惯、宗教信仰，保护老年人的个人隐私。

(3)操作实施

在与张爷爷沟通完毕后，按表3-10-5中的操作步骤依次进行操作，并将操作过程填写在表中。

表3-10-5　心率数据收集操作记录表

序号	操作步骤	操作过程
1	为张爷爷佩戴智能手表	
2	登录某机构养老服务平台	
3	将智能手表与平台绑定	
4	查看张爷爷的心率数据	

(4)数据收集

将已收集的张爷爷的心率数据填写于表3-10-6中。

表3-10-6　心率数据

收集内容	收集数据
心率数据	

（二）机构养老服务平台照护功能模块操作

1.知识学习

(1)机构养老服务与老年人照护

机构养老服务是指养老机构为老年人提供的专门针对不同需求设计的照料服务。这种服务通常涵盖日常生活照料、医疗护理、康复服务、心理支持等多个方面。

老年人照护的目标是确保老年人在机构中能够得到足够的生活照顾和医疗护理，帮助他们维持和提升生活质量，并尽可能地保持独立和自主。

老年人照护服务通常包括但不限于以下几个方面：

1)日常生活照料

包括个人卫生清洁、日常生活的安排和协助等。

2)医疗护理

包括疾病的预防与控制、健康状况的监测、药物的发放等。

3)康复服务

包括物理治疗、康复训练、康复设施的使用指导等。

4)心理支持

包括心理咨询、情绪疏导、认知障碍的干预等。

总的来说，老年人照护是一项全方位的服务，旨在满足老年人身体、心理和社会方面的需求，使他们能够在养老机构中过上安全、舒适、有尊严的生活。

(2)机构养老服务平台照护功能

机构养老服务平台是专为老年人设计的综合服务平台。平台采用先进的科技手段，通过长期照护体系，为老年人提供全方位的照护服务。平台的目标是让老年人有尊严地回归社会、回归家庭，提高他们的生活质量。

平台的照护功能如下：

1)健康档案管理

记录老年人的基本信息、健康状况、疾病史、过敏史等，方便照护人员随时查看，为照护工作提供依据。

2)照护计划制订

根据老年人的身体状况、生活习惯、需求等，制订个性化的照护计划，包括日常生活照料、康复训练、医疗护理等。

3)服务安排与管理

对老年人的照护服务进行安排和管理，包括服务人员、时间、内容等，确保照护服务的有效性和及时性。

4)服务质量监控与反馈

对照护服务的过程和结果进行实时监控和反馈，及时发现问题并进行调整，确保服务质量。

5）紧急救援

在老年人遇到紧急情况时，及时启动紧急救援机制，进行紧急处理，并协调相关资源进行救助。

6）社交互动

为老年人提供社交互动平台，增加老年人之间的交流与互动，丰富精神生活。

7）心理咨询

为老年人提供心理咨询和心理疏导服务，帮助老年人排解情绪，缓解焦虑、抑郁等。

8）营养膳食管理

为老年人提供营养膳食服务，根据老年人的身体状况和饮食习惯，制订个性化的饮食计划。

9）康复训练

为老年人提供康复训练服务，根据老年人的身体状况和康复需求，制订个性化的康复训练计划，帮助老年人逐渐恢复身体功能。

除了上述功能，平台还可以与其他医疗机构或学术机构合作，为老年人提供更全面和专业的服务。

（3）查看健康数据

以通过某机构养老服务平台照护功能模块查看老年人健康数据的操作为例，正确操作流程如下：

①输入账号、密码，登录某机构养老服务平台。

②进入照护功能模块，单击健康管理，打开列表栏（图3-10-8）。

图3-10-8 健康管理列表栏

③单击血压数据列表，在用户姓名/用户卡号搜索栏（图3-10-9）中输入老年人的姓名或卡号，单击搜索，即可获得老年人的血压数据（图3-10-10）。

图 3-10-9　用户姓名/用户卡号搜索栏

图 3-10-10　血压数据

④同理，可依次单击血糖数据列表、血氧数据列表等，获取老年人相对应的健康数据。

2. 技能操作

以通过某机构养老服务平台照护功能模块查看张爷爷健康数据的操作为例，按照下列内容依次进行操作。

(1) 操作准备

按表 3-10-7 做好查看健康数据前的准备。

表 3-10-7　查看健康数据前的准备

类别	准备内容
硬件准备	一台已联网的电脑
软件准备	某机构养老服务平台及可用账号

(2) 操作实施

在完成准备内容后，按表 3-10-8 中的操作内容依次进行操作，并将操作过程填写在表中。

表 3-10-8　查看健康数据操作记录表

序号	操作内容	操作过程
1	登录某机构养老服务平台	
2	单击健康管理，打开列表栏	
3	单击列表选项，搜索老年人姓名，进入数据界面	
4	查看血压、血糖、血氧等数据	

（三）安全照护和睡眠照护

1.知识学习

（1）安全照护

依据红外监测数据，使用机构养老服务平台完成老年人安全照护是一种利用红外技术监测老年人的活动和安全状况，并提供相应照护指导的养老服务模式。

在这种模式下，养老机构会使用红外监测设备对老年人的活动和安全状况进行监测。这些设备通常被安装在老年人的房间、走廊、楼梯等区域，能够实时监测老年人的活动轨迹和行为举止。红外技术还可以在较为私密的空间对老年人进行行为识别和体温监控预警，当老年人出现意外跌倒、长时间静止等异常情况时，监测设备会立即发出警报，通知照护人员及时赶到现场进行处理。

同时，机构养老服务平台会将这些监测数据与健康档案、护理记录等数据进行综合分析，评估老年人的安全风险和需求。根据分析结果，平台会为老年人提供个性化的照护指导，包括预防跌倒、加强日常生活中的安全措施等。

（2）睡眠照护

睡眠照护是指为老年人提供良好的睡眠环境及提高睡眠质量，以确保其身心健康。睡眠质量监测是指养老机构定期评估老年人的睡眠质量，包括睡眠时间、睡眠障碍等，并采取相应的干预措施。

睡眠照护通过使用睡眠监测设备和技术，采集老年人在睡眠过程中的生理数据，如心率、呼吸率、体动等，并上传到机构养老服务平台进行数据分析和处理。

机构养老服务平台使用人工智能和大数据技术对睡眠监测数据进行处理和分析，评估老年人的睡眠质量，并提供个性化的睡眠照护指导。这种指导包括改善睡眠环境、建立规律的睡眠习惯、避免过度使用电子产品、适当进行睡眠前的放松活动等。

在睡眠照护指导过程中，机构养老服务平台可以实时监测老年人的睡眠状况，及时发现异常情况并采取相应的处理措施。同时，它还可以记录和分析老年人的睡眠监测数据，了解他们的睡眠质量变化趋势，为进一步的服务提供参考。

（3）使用智能监测设备进行安全照护和睡眠照护

1）基于红外技术监测老年人活动

以使用红外摄像头监测老年人活动的操作为例，正确操作流程如下：

①检查红外摄像头（图 3-10-11）是否可以正常运行，并按厂家说明进行联网。

图 3-10-11　红外摄像头

②按照厂家安装说明，结合房间的环境，选择合适的安装位置和角度。确保摄像头能够捕捉到需要监控的区域，安装完毕后，检查摄像头是否有脱落、松动的情况，预防安全隐患。

③输入账号、密码及验证码，单击登录，登录某机构养老服务平台。

④进入照护功能模块，单击摄像头管理栏下红外摄像头管理，进入红外摄像头管理（图 3-10-12）。

序号	序列号	验证码	绑定状态	老人姓名	设备通道	操作
1	9K090AAPCG[illegible]	[illegible]	已绑定	[illegible]	0	编辑 播放 解绑
2	9K090AAPCG[illegible]	[illegible]	已绑定	[illegible]	0	编辑 播放 解绑
3	9K090AAPCG[illegible]	[illegible]	已绑定	[illegible]	0	编辑 播放 解绑
4	9K090AAPCG[illegible]	[illegible]	已绑定	[illegible]	0	编辑 播放 解绑

图 3-10-12　红外摄像头管理

⑤单击添加，依次填写红外摄像头序列号、验证码、设备通道，填写完毕后单击保存（图 3-10-13）。

图 3-10-13　添加设备（红外摄像头）

⑥添加完毕后，单击播放，即可通过红外摄像头查看老年人的实时活动情况，以确保老年人安全（图 3-10-14）。

序号	序列号	验证码	绑定状态	老人姓名	设备通道	操作
1	9K090AAPCG[illegible]	[illegible]	已绑定	[illegible]	0	编辑 播放 解绑
2	9K090AAPCG[illegible]	[illegible]	已绑定	[illegible]	0	编辑 播放 解绑
3	9K090AAPCG[illegible]	[illegible]	已绑定	[illegible]	0	编辑 播放 解绑
4	9K090AAPCG[illegible]	[illegible]	已绑定	[illegible]	0	编辑 播放 解绑
5	9K090AAPCG[illegible]	[illegible]	已绑定	[illegible]	0	编辑 播放 解绑

图 3-10-14　红外摄像头操作界面

2)基于健康监测数据监测老年人睡眠状况

以使用智能床带监测老年人睡眠状况的操作为例,正确操作流程如下:

①检查智能床带(图 3-10-15)是否正常运行,并按厂家说明进行联网。

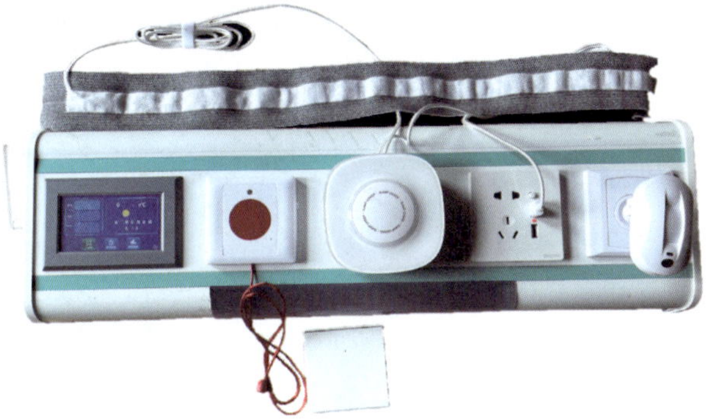

图 3-10-15　智能床带

②按照厂家安装说明,结合老年人床位实际情况,将智能床带铺设在床位上,并让老年人试睡,确保智能床带的铺设位置不会对老年人的睡眠造成影响。

③输入账号、密码及验证码,单击登录,登录某机构养老服务平台。

④进入照护功能模块,单击智能床带管理栏下设备列表,进入设备列表(图 3-10-16)。

序号	设备编号	绑定老人	服务机构	绑定状态	在线状态	添加时间	操作
1	[illegible]	[illegible]	[illegible]	已绑定	在线	2024-03-08 17:58:01	解绑 老人配置 编辑 删除
2	[illegible]	[illegible]	[illegible]	已绑定	在线	2023-05-20 11:45:07	解绑 老人配置 编辑 删除
3	[illegible]	[illegible]	[illegible]	已绑定	在线	2023-04-15 16:53:07	解绑 老人配置 编辑 删除

图 3-10-16　设备列表

⑤单击添加，填写智能床带的设备编号，填写完毕后单击添加（图3-10-17）。

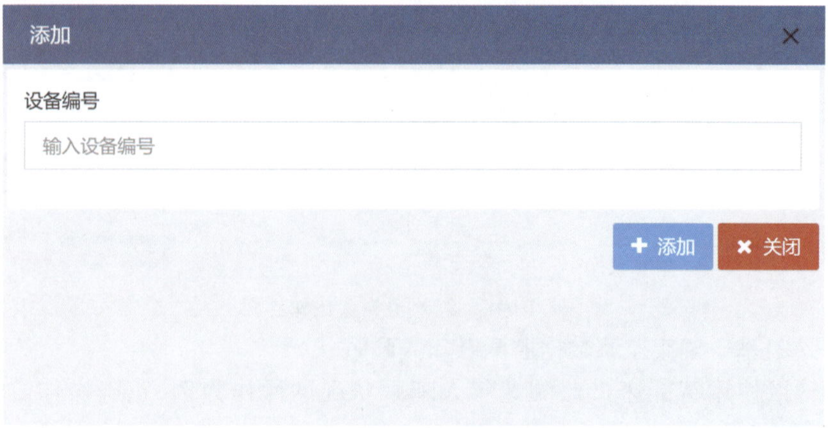

图3-10-17　添加设备（智能床带）

⑥添加完毕后，单击操作栏中的老人配置，进入老人配置（图3-10-18），依次设置数据上传间隔、报警时间段规则、报警时长。设置完毕后，单击添加。

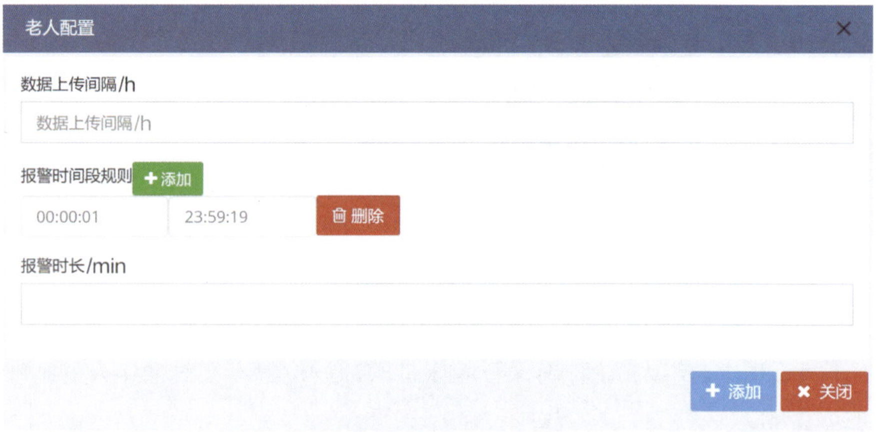

图3-10-18　老人配置

⑦配置完毕后，单击智能床带管理栏下的异常事件列表，查看是否出现异常情况，并加以处理（图3-10-19）。

编号	老人姓名	设备编号	异常事件	是否处理	处理人	添加时间	处理时间	操作
1	[illegible]	58CF793[illegible]	红外-无人活动	未处理		2024-05-20 13:40		确认处理
2	[illegible]	58CF793[illegible]	红外-无人活动	未处理		2024-05-20 13:20		确认处理
3	[illegible]	58CF793[illegible]	红外-无人活动	未处理		2024-05-20 13:10		确认处理

图3-10-19　异常事件列表

2. 技能操作

(1)安全照护

以使用红外摄像头监测张爷爷活动的操作为例，按照下列内容依次进行操作。

1)操作准备

按表3-10-9做好监测老年人活动前的准备。

表3-10-9 监测老年人活动前的准备

类别	准备内容
硬件准备	一个红外摄像头、一台已联网的电脑
软件准备	某机构养老服务平台及可用账号

2)与老年人沟通

在完成准备内容后，需在正式操作前，与老年人进行沟通，沟通内容见表3-10-10。

表3-10-10 监测老年人活动前的沟通内容

沟通项目	沟通内容
解释使用红外摄像头的目的	向老年人说明通过监测老年人的身体状况和行为，可及时发现异常情况并采取相应的处理措施，以保障老年人的安全和健康
注意事项	提醒老年人注意保护设备，避免设备受到损坏或丢失
隐私保护和数据安全	向老年人说明在使用红外摄像头的过程中，他的隐私和数据安全将得到充分保障。同时，也要征得老年人的同意，使用拍摄到的图像数据进行后续的分析和处理

3)正式操作

与老年人沟通后，按表3-10-11中的操作内容依次进行操作，并将操作过程填写在表中。

表3-10-11 监测老年人活动操作记录表

序号	操作内容	操作过程
1	检查并安装红外摄像头	
2	登录某机构养老服务平台	
3	将红外摄像头与平台绑定	
4	通过平台实时观察老年人活动情况	

注意事项

○在与老年人沟通时，照护人员需遵守行为规范。交流时用尊称，沟通时正视对方，认真倾听老年人叙述的事情，在老年人讲故事时不要随便打断，表扬或夸奖老年人时一定要有度。

(2)睡眠照护

以使用智能床带完成张爷爷睡眠照护指导的操作为例，按照下列内容依次进行操作。

1)操作准备

按表3-10-12做好老年人睡眠照护前的准备。

表3-10-12　老年人睡眠照护前的准备

类别	准备内容
硬件准备	一条智能床带、一台已联网的电脑
软件准备	某机构养老服务平台及可用账号

2)与老年人沟通

在完成准备内容后，需在正式操作前，与老年人进行沟通，沟通内容见表3-10-13。

表3-10-13　老年人睡眠照护前的沟通内容

沟通项目	沟通内容
解释使用智能床带的目的	向老年人说明通过监测老年人的睡眠状态和行为，可及时发现异常情况并采取相应的处理措施，以保障老年人的睡眠安全和健康
注意事项	提醒老年人注意保护设备，避免设备受到损坏或丢失
隐私保护和数据安全	向老年人说明在使用智能床带的过程中，他的隐私和数据安全将得到充分保障。同时，也要征得老年人的同意，使用监测到的数据进行后续的分析和处理
报警系统和紧急处理措施	向老年人介绍智能床带的报警系统和紧急处理措施，提醒老年人在遇到紧急情况时，及时通知照护人员或相关人员进行处理

3)正式操作

与老年人沟通后，按表3-10-14中的操作内容依次进行操作。

表3-10-14　老年人睡眠照护操作记录表

序号	操作内容	操作记录
1	检查并安装智能床带	
2	登录某机构养老服务平台	
3	将智能床带与平台绑定	
4	设置智能床带数据参数	
5	查看是否出现异常情况	

4)异常情况处理

在完成正式操作流程后，需处理老年人睡眠时出现的异常情况，并填写于表3-10-15内。

表3-10-15　异常情况处理表

类别	具体内容
异常事件	
是否处理	
处理人	
处理时间	

检查评估

照护人员根据表3-10-16中的检查项目进行自我检查，并将检查结果和自我点评记录在表中。

表3-10-16　老年人健康监管与照护检查记录表(照护人员自查)

序号	检查项目	检查结果	自我点评
1	是否掌握机构健康养老大数据的意义	是□　否□	
2	是否认识机构智能化监测设备	是□　否□	
3	是否了解机构智能化监测设备使用原理	是□　否□	
4	是否掌握机构智能化监测设备操作方法	是□　否□	

照护对象根据表3-10-17中的检查项目对照护人员的操作过程进行检查，并将检查结果和结果点评记录在表中。

表3-10-17　老年人健康监管与照护检查记录表(照护对象点评)

序号	检查项目	检查结果	结果点评
1	操作前沟通是否全面	是□　否□	
2	设备安装是否合理	是□　否□	
3	操作过程中是否礼貌得体	是□　否□	
4	设备操作步骤是否有所缺漏	是□　否□	
5	设备操作顺序是否恰当	是□　否□	
6	后台操作是否正确有效	是□　否□	
7	是否记录有效数据	是□　否□	

教师根据表 3-10-18 中的检查项目对照护人员的任务完成情况进行检查，并将检查结果和结果点评记录在表中。

表 3-10-18 老年人健康监管与照护检查记录表（教师点评）

序号	检查项目	检查结果	结果点评
1	智能化监测设备是否正常运行	是□ 否□	
2	健康数据是否采集完整	是□ 否□	
3	发生意外时是否能及时响应	是□ 否□	
4	是否能根据后台数据改进照护方案	是□ 否□	

任务小结

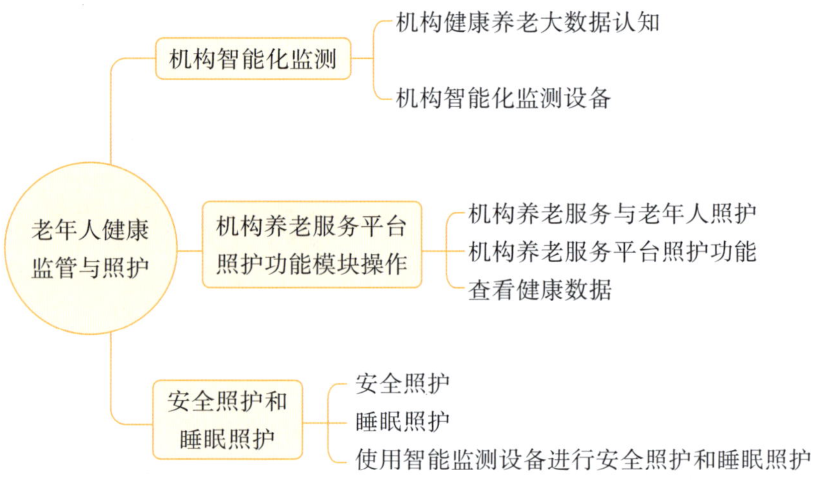

任务十一　大数据亲情服务

教学资源

任务导入

场景：某养老机构

人物：张爷爷及其儿子张叔叔、照护人员小李

情节：在某养老机构中，有一位张爷爷。张爷爷患有糖尿病、高血压等多项慢性疾病，张爷爷的儿子张叔叔希望养老机构的照护人员可以与自己共享张爷爷的健康信息，以便自己能够更好地了解张爷爷的病情，共同参与张爷爷的疾病管理，也便于当张爷爷无法自主决策或表达意愿时，自己可以根据张爷爷的情况做出更合理的决策。同时，张叔叔希望可以通过某种平台或渠道，加强自己和张爷爷的情感联系。另一方面，作为照护人员的小李也希望可以通过各项数据，不断改进服务计划，以便更好地照护张爷爷。如果你是小李，你将如何利用大数据亲情服务相关的系统功能，完成以上需求？

任务目标

- 能通过手机端亲情服务模块功能，促进老年人与家属的亲情互动。
- 能根据手机端亲情服务时间、服务频次及服务评价等数据统计，制订服务改进计划。

任务实施

（一）手机端亲情服务

1.知识学习

（1）手机端亲情服务模块功能介绍

手机端亲情服务模块功能见表3-11-1。

微课 手机端亲情服务模块功能介绍

表3-11-1 手机端亲情服务模块功能

模块	具体功能
信息共享	通过大数据技术，将养老机构和老年人家属的信息进行共享，让家属更加了解老年人的健康状况和生活情况，增强家属的信任感和归属感
亲情互动	老年人家属可以通过手机App或其他移动设备与老年人进行语音、视频通话，关心老年人的生活起居、饮食健康等，增强老年人与家属之间的亲情互动
个性化服务	养老机构可以通过数据分析了解老年人的需求和状况，为老年人提供更加个性化、精准的服务。比如，根据老年人的饮食习惯和健康状况，制订个性化的饮食计划和护理方案
健康管理	养老机构可以通过手机App或其他移动设备，对老年人的健康数据进行实时监测和分析，及时发现并解决问题，提高服务质量的同时也提升了老年人的满意度和幸福感
移动支付	老年人家属可以在手机App为老年人进行业务缴费、就医购药、服务下单等操作，方便快捷

(2)手机端亲情服务模块使用方法

1)信息共享模块

老年人及其家属可以通过信息共享模块共享彼此的生活信息，例如日常活动、饮食、健康状况等。这有助于双方更好地了解彼此的生活，增强相互之间的关心和互动。信息共享模块操作步骤见表3-11-2。

表3-11-2 信息共享模块操作步骤

序号	操作内容
1	登录手机App或小程序，进入亲情服务中的信息共享模块
2	添加家庭成员信息，包括姓名、联系方式等
3	确认家庭成员信息无误后，点击“确定”，保存信息
4	进入信息共享界面，选择需要共享的信息类型，例如位置、照片、文字等
5	选择要共享的信息，点击“发送”，将信息发送给家庭成员
6	家庭成员收到信息后，可以进行回复或再次发送信息

2)亲情互动模块

亲情互动模块可以提供多种互动方式，例如语音通话、视频通话、短信、社交媒体互动等。老年人及其家属可以通过这些方式保持联系，分享彼此的喜怒哀乐，互相支持和鼓励。亲情互动模块操作步骤见表3-11-3。

表3-11-3　亲情互动模块操作步骤

序号	操作内容
1	进入手机端亲情服务，选择亲情互动模块
2	选择需要互动的家庭成员，例如父母、子女等
3	点击“语音通话”或“视频通话”，与家庭成员通话
4	在通话过程中，可以随时挂断或结束通话
5	除了语音通话和视频通话，还可以通过其他方式进行互动，例如发送短信、社交媒体互动等

3)个性化服务模块

个性化服务模块可以根据老年人及其家属的需求和偏好，提供个性化的服务。例如，定制健康管理计划、生活提醒、兴趣推荐等，可以满足双方的不同需求，增强互动的针对性和有效性。个性化服务模块操作步骤见表3-11-4。

表3-11-4　个性化服务模块操作步骤

序号	操作内容
1	进入手机端亲情服务，选择个性化服务模块
2	根据个人需求和偏好，选择需要定制的服务类型，例如健康管理计划、生活提醒、兴趣推荐等
3	填写个人基本信息和需求，例如姓名、年龄、性别、健康状况、兴趣爱好等
4	确认信息无误后，点击“提交”，保存信息
5	系统会根据个人需求和偏好，推荐相应的服务内容

4)健康管理模块

健康管理模块可以提供健康管理功能，例如定期健康检查、健康咨询、药物提醒等。此功能可以帮助老年人及其家属更好地关注和管理健康问题，促进双方之间的健康交流和相互支持。健康管理模块操作步骤见表3-11-5。

表 3-11-5 健康管理模块操作步骤

序号	操作内容
1	进入手机端亲情服务，选择健康管理模块
2	选择需要管理的家庭成员，例如父母、子女等
3	系统会提供相应的健康管理计划，例如定期健康检查、健康咨询、药物提醒等
4	根据家庭成员的健康状况和需求，定制个性化的健康管理计划
5	在健康管理过程中，可以随时查看家庭成员的健康状况和历史记录，进行相应的调整和管理

5)移动支付模块

移动支付模块可以提供移动支付功能，方便老年人及其家属进行线上支付和转账。这可以简化财务操作，提高支付效率，同时增强双方之间的信任和互助。移动支付模块操作步骤见表 3-11-6。

表 3-11-6 移动支付模块操作步骤

序号	操作内容
1	进入手机端亲情服务，选择移动支付模块
2	选择需要进行支付操作的家庭成员，例如父母、子女等
3	填写支付金额和支付方式，例如银行卡、支付宝、微信支付等
4	确认支付信息无误后，点击“支付”，进行支付
5	支付完成后，可以随时查看支付记录和账单，进行相应的核对和管理

2. 技能操作

以使用亲情互动模块，让张爷爷与张叔叔完成视频通话的操作为例，按照下列内容依次进行操作。

(1)操作准备

进行视频通话前的准备见表 3-11-7。

表 3-11-7 进行视频通话前的准备

类别	准备内容
硬件准备	一个电量充足且已联网的智能手机
软件准备	某亲情服务 App 或小程序

(2)与老年人沟通

在完成准备内容后,需在正式操作前,与老年人进行沟通,沟通内容见表3-11-8。

表3-11-8　进行视频通话前的沟通内容

沟通项目	沟通内容
介绍亲情互动模块	向老年人解释他可以通过亲情互动模块与其家人进行视频通话
了解老年人的意愿	询问老年人是否愿意与其家人进行视频通话,并尊重他的选择
沟通视频通话的时间	询问老年人何时方便进行视频通话,以确保他在通话时能够感到舒适和放松
告知操作方法	向老年人简单介绍如何操作手机进行视频通话,包括如何接听、挂断电话,以及如何调整音量和屏幕亮度等

(3)正式操作

在与老年人沟通完毕后,按表3-11-9中的操作内容依次进行操作,并将操作过程填写在表中。

表3-11-9　视频通话操作记录表

序号	操作内容	操作过程
1	登录某亲情服务App或小程序	
2	进入亲情互动模块	
3	添加张叔叔为联系人	
4	启动视频通话	
5	调整通话设置	
6	保持通话状态	
7	结束通话	

(二)信息共享模块

1.知识学习

(1)信息共享认知

老年人信息共享是指养老机构通过手机App或其他移动设备,将老年人的个人信息、健康状况、生活情况等数据与家属进行共享。

老年人信息共享的意义在于,一方面可以增强家属的信任感和归属感，让他们更加了解老年人的状况，更好地关心老年人；另一方面可以提高养老机构的服务质量和管理效率，让养老机构能够更好地了解老年人的需求和状况，为老年人提供更加个性化、精准化的服务。

需要注意的是，老年人信息共享需要保护老年人的个人隐私和信息安全，避免信息泄露和滥用。同时，也需要规范信息共享的程序和标准，确保信息共享的安全性和可靠性。

(2)信息共享的方法

1)确认信息共享的范围和目的

在信息共享之前，需要明确信息共享的范围和目的。同时，需要确保共享的信息是合法、合规的，并且不会侵犯老年人的隐私权。

2)登录共享大数据亲情服务平台

登录共享大数据亲情服务平台要点见表3-11-10。

表3-11-10　登录共享大数据亲情服务平台要点

类别	要点
账号、密码	确保使用的账号和密码是正确的，并且已经成功登录
操作权限	确保自己有足够的访问权限查看和共享老年人的信息
设备安全	如果使用的是公共设备，需要注意保护个人隐私和数据安全

3)注册并邀请家庭成员

在手机App或小程序中，注册并创建一个家庭，邀请老年人的家庭成员加入，并且为不同的家庭成员设置不同的访问权限。注册并邀请家庭成员要点见表3-11-11。

表3-11-11　注册并邀请家庭成员要点

类别	要点
信息提供	确保提供的家庭成员信息是准确、完整的，并且能够顺利通过平台的认证和审核
协议签署	确保家庭成员了解并同意信息共享的范围和目的，并且已经签署了必要的授权协议
信息通知	及时通知家庭成员关于信息的更新和变化情况

4)信息共享

在确认信息共享的范围和目的后，可以通过手机App或小程序中的共享功能，将老年人的信息共享给指定的家庭成员。共享的信息包括健康数据、生活记录、活动安排等，可以根据需要进行调整和修改。信息共享要点见表3-11-12。

表3-11-12 信息共享要点

类别	要点
信息共享	确保共享的信息是准确、完整、及时的，并且符合相关法律法规的要求
信息更新	及时更新共享信息，保持信息的时效性和准确性
异常处理	如果发现任何异常或问题，需要及时通知相关人员进行处理

5）设置访问权限

为了确保老年人的隐私安全，需要为不同的家庭成员设置不同的访问权限。例如，可以设置某些信息只能由指定的家庭成员查看和编辑，而其他家庭成员只能查看特定信息。设置访问权限要点见表3-11-13。

表3-11-13 设置访问权限要点

类别	要点
权限设置	根据不同的需求和角色设置不同的访问权限，确保只有合适的家庭成员能够访问相关信息
敏感信息	对于一些敏感信息，需要设置更加严格的访问权限，确保只有特定的家庭成员能够查看和编辑这些信息

6）及时更新信息

为了确保信息共享的准确性和及时性，需要及时更新老年人的信息。手机App或小程序可以设置提醒功能，帮助工作人员及时更新老年人的信息，并且通知家庭成员进行查看和编辑。

7）加强沟通互动

除了共享老年人的信息，还需要加强老年人与家庭成员的沟通和互动。老年人可以通过手机App或小程序中的消息发送功能，与家庭成员进行交流和沟通，如分享生活照片、活动视频等，让家庭成员更加了解老年人的生活状况和需求。加强沟通互动要点见表3-11-14。

表3-11-14 加强沟通互动要点

类别	要点
定期沟通	定期与家庭成员进行沟通和交流，了解老年人的生活状况和需求，并及时解答他们的问题
参与管理	鼓励家庭成员积极参与老年人信息的共享和管理，提供意见和建议
沟通渠道	建立有效的沟通渠道（如电话、短信、邮件等），确保与家庭成员的沟通畅通无阻

8)定期总结和改进

定期总结信息共享的经验和效果,并且根据实际情况进行改进和调整。通过定期总结和改进,可以不断提升老年人与家属之间的互动质量和满意度。定期总结和改进要点见表3-11-15。

表3-11-15 定期总结和改进要点

类别	要点
数据分析	定期进行数据分析和评估,了解共享信息的数量、质量和变化情况
反馈收集	收集家庭成员的反馈和建议,及时改进和优化共享流程和管理措施
问题处理	对于出现的问题和异常情况,需要及时处理和解决,并且进行总结和反思,避免再次出现类似的问题

2.技能操作

以将张爷爷的健康数据共享给张叔叔的操作为例,按照下列内容依次进行操作。

(1)操作准备

在共享老年人信息前,需要做好必要的准备,见表3-11-16。

表3-11-16 共享老年人信息前的准备

类别	具体内容
硬件准备	一个电量充足且已联网的智能手机
软件准备	某亲情服务App或小程序

(2)与老年人沟通

在完成准备内容后,需在正式操作前,与老年人进行沟通,沟通内容见表3-11-17。

表3-11-17 共享老年人信息前的沟通内容

沟通项目	沟通内容
解释目的	向老年人解释共享健康数据的目的是让他能够得到更好的照顾,同时让家属更好地了解他的健康状况
数据隐私	确保老年人明白健康数据是保密的,不会泄露给无关的第三方,并且只有经过授权的人才能访问这些数据
同意与授权	向老年人说明需要他的同意才能共享其健康数据。解释这是为了尊重他的隐私权和自主权,并确保他对此操作知情并同意
尊重意愿	尊重老年人的意愿,如果他不想与家属共享健康数据,应尊重他的选择并不再进行此操作

(3)正式操作

在与老年人沟通完毕后，按表3-11-18中的操作内容依次进行操作，并将操作过程填写在表中。

表3-11-18 共享老年人信息操作记录表

序号	操作内容	操作过程
1	登录某亲情服务App或小程序	
2	进入信息共享模块	
3	添加张叔叔为家庭成员	
4	选择需要共享给张叔叔的健康数据	
5	确认共享操作	

(三)亲情服务改进计划

1.知识学习

(1)亲情服务改进计划认知

基于数据统计分析制订的亲情服务改进计划是指通过收集和分析养老机构提供的亲情服务数据以及家属提供的老年人信息，针对服务中存在的问题和不足，制订的服务改进计划。

亲情服务改进计划需要注意以下几点：

①数据收集要全面、准确、及时，包括服务对象、服务内容、服务方式、服务质量评价等数据信息。

②数据处理和分析要科学、合理，找出服务计划中的短板和需要改进的方面。

③制订改进计划要针对存在的问题和不足，提出具体的改进措施和方法，并且要符合养老机构的实际情况和老年人的需求。

④所有计划需要尊重个人意愿，遵守道德规范，征求老年人与家属的意见，对计划进行完善，确保计划的可行性。

⑤实施改进计划要注重落实和监督，确保改进计划的有效性和实用性。

⑥评估和反馈要定期进行，不断完善服务计划和提高养老机构的服务质量。

(2)制订亲情服务改进计划

制订亲情服务改进计划见表3-11-19。

表3-11-19 制订亲情服务改进计划

操作项目		操作内容
收集数据	设计调查问卷	根据需要收集的数据，设计一份包含老年人基本信息、健康状况、生活习惯、服务使用情况的调查问卷。问卷应尽可能覆盖所有需要了解的方面，同时要确保问卷简洁明了、易于理解和回答
	从现有系统中提取数据	如果已有相关的服务记录、医疗记录等数据，可以从现有系统中提取所需的数据。提取数据时，需要注意数据的准确性和完整性
	收集其他相关数据	可能还需要收集其他与老年人相关的数据，如老年人的社交网络、文化背景、心理状态等方面的数据。这些数据可能有助于更全面地了解老年人的需求和问题
处理和分析数据	数据清洗	对收集到的数据进行清洗，去除无效、错误或不完整的数据，以确保数据分析的准确性
	描述性统计分析	对数据进行基本的描述性统计分析，如计算平均值、中位数、众数、方差等统计指标，以了解数据的分布和特征
	因变量分析	通过因变量分析，了解老年人的需求和问题与哪些因素有关。例如，可以通过回归分析、相关分析等方法，找出影响老年人使用服务的主要因素
制订改进计划	服务内容改进	根据数据分析结果，针对老年人的需求和问题，采取相应的服务改进措施。例如，如果数据分析显示老年人对健康管理的需求较高，可以增加相关的健康管理服务，如定期进行健康检查、开展健康讲座等
	服务质量提升	通过提高服务人员的素质和能力，提升服务质量。例如，可以加强对服务人员的培训，提高他们的专业知识和技能；建立评估机制，定期对服务人员进行考核和评价
	服务效率提高	通过优化服务流程和管理机制，提高服务效率。例如，通过建立信息化平台，实现服务流程的自动化和智能化；推广智能服务，例如使用智能家居设备、远程医疗技术等，提高服务效率

续表

操作项目		操作内容
实施改进计划	制订实施计划	将改进计划细化为具体的实施计划，包括具体的措施、时间表、责任人等
	培训和宣传	对服务人员进行培训，让他们了解并掌握新的服务内容和服务技能；同时，对老年人和家属进行宣传和教育，让他们了解改进计划的目的和内容
	采取改进措施	按照实施计划，逐步推行改进措施。在实施过程中，要注意监督和评估实施效果，及时发现问题并进行调整
评估和反馈	设定评估指标	根据改进计划的目标和内容，设定相应的评估指标，如服务满意度、服务使用率、健康状况改善率等
	进行评估	通过收集相关数据和分析结果，对改进计划的实施效果进行评估。可以采取定期评估的方式，如每季度或每年进行一次评估
	反馈和调整	根据评估结果，及时反馈并调整改进计划。如果改进措施未能达到预期效果，需要重新审视问题所在，调整改进措施；如果改进措施取得良好效果，可以进一步优化和完善计划

2.技能操作

以制订张爷爷的亲情服务改进计划的操作为例，按照下列内容依次进行操作。

(1)操作准备

制订亲情服务改进计划前的准备见表3-11-20。

表3-11-20 制订亲情服务改进计划前的准备

类别	具体内容
硬件准备	一个电量充足且已联网的智能手机
软件准备	某亲情服务App或小程序
材料准备	老年人健康数据

(2)与老年人沟通

在完成准备内容后，需在正式操作前，与老年人进行沟通，沟通内容见表3-11-21。

表3-11-21 制订亲情服务改进计划前的沟通内容

沟通项目	沟通内容
解释目的	向老年人解释制订亲情服务改进计划的目的是提高服务质量，更好地满足他的需求，同时让家属更好地了解他的状况
服务目标	明确亲情服务改进计划的目标，例如提高生活质量、促进健康、提供更好的心理支持等
当前状况	了解老年人目前的生活状态、健康状况、心理状态、社交活动等方面的情况，以便更好地为他提供个性化的服务
需求和期望	询问老年人对亲情服务改进计划的需求和期望，了解他希望得到哪些方面的帮助和支持，以及他对现有服务的满意度和改进意见
隐私安全	确保老年人了解亲情服务改进计划中涉及的隐私安全问题，并征求他的同意，以便在后续的数据采集和分析中保护他的隐私安全

(3)正式操作

在与老年人沟通完毕后，按表3-11-22中的操作内容依次进行操作，并将操作过程填写在表中。

表3-11-22 制订亲情服务改进计划操作记录表

序号	操作内容	操作过程
1	收集数据	
2	处理和分析数据	
3	制订改进计划	
4	实施改进计划	

(4)效果评估

在完成正式操作后，需对改进计划做出评估，并填写于表3-11-23中。

表3-11-23 改进计划实施效果评估表

评估项目	具体内容
服务满意度	
服务使用率	
健康状况改善率	

检查评估

照护人员根据表 3-11-24 中的检查项目进行自我检查，并将检查结果和自我点评记录在表中。

表 3-11-24 大数据亲情服务检查记录表（照护人员自查）

序号	检查项目	检查结果	自我点评
1	是否了解手机端亲情服务模块的功能	是□ 否□	
2	是否学会手机端亲情服务模块的操作方法	是□ 否□	
3	是否了解信息共享	是□ 否□	
4	是否学会信息共享的操作方法	是□ 否□	
5	是否掌握亲情服务改进计划的概念	是□ 否□	
6	是否学会亲情服务改进计划的制订及实施方法	是□ 否□	

服务对象根据表 3-11-25 中的检查项目对照护人员的操作过程进行检查，并将检查结果和结果点评记录在表中。

表 3-11-25 大数据亲情服务检查记录表（服务对象点评）

序号	检查项目	检查结果	结果点评
1	操作前沟通是否全面	是□ 否□	
2	操作过程中是否礼貌得体	是□ 否□	
3	操作步骤是否有所缺漏	是□ 否□	
4	后台操作是否正确、有效	是□ 否□	
5	是否有效完成视频通话	是□ 否□	
6	是否有效完成老年人信息共享	是□ 否□	
7	是否完成各项数据的整合与分析	是□ 否□	
8	是否有效制订及实施亲情服务改进计划并进行效果评估	是□ 否□	

教师根据表 3-11-26 中的检查项目对照护人员的任务完成情况进行检查，并将检查结果和结果点评记录在表中。

表 3-11-26　大数据亲情服务检查记录表（教师点评）

序号	检查项目	检查结果	结果点评
1	在操作中是否遇到了困难	是□　否□	
2	手机端操作是否已经完全掌握	是□　否□	
3	是否能根据数据制订亲情服务改进计划	是□　否□	

任务小结

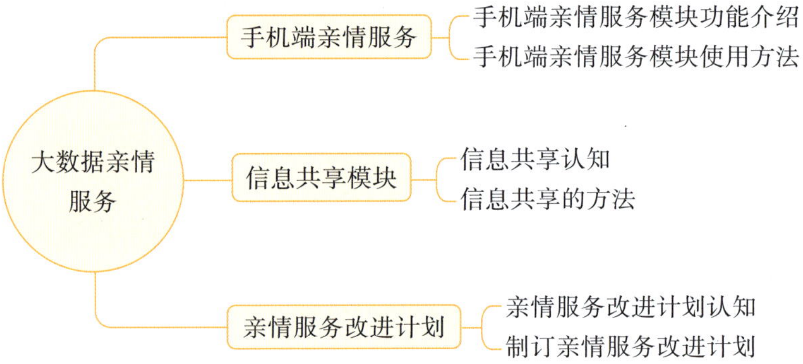

任务十二 老年人营养评估与科学配餐

教学资源

任务导入

场景：某养老机构

人物：张爷爷、照护人员小李

情节：张爷爷入住了某养老机构，因为张爷爷患有糖尿病、高血压等慢性疾病，照护人员小李需要收集张爷爷的饮食习惯信息，同时了解张爷爷的营养需求和任何可能的营养问题，从而为其制订个性化的饮食计划和营养管理方案，并依据这些信息，完成对张爷爷的营养评估。另外，在张爷爷入住后，小李需要根据张爷爷的健康状况为其进行科学配餐指导。如果你是小李，你将如何利用机构养老服务平台与食堂智能化设备完成以上目标？

任务目标

- 能使用机构养老服务平台，收集老年人饮食健康档案，完成老年人营养评估。
- 能使用食堂智能化设备，收集老年人饮食习惯信息。
- 能根据老年人饮食习惯信息统计结果，通过手机App向老年人推送科学配餐方案。

任务实施

（一）老年人营养评估

1. 知识学习

（1）营养评估模块认知

营养评估是指对老年人进行全面的营养状况评估，包括评估他们的生理特征、饮食习惯、食物摄入量等。这种评估旨在发现老年人在营养方面存在的问题,如营养不良、缺乏某些营养素等,并为他们提供针对性的营养建议和干预措施,以改善他们的营养状况,提高生活质量。

机构养老服务平台营养评估模块是一个专门为养老机构设计的营养评估工具。该模块通过集成信息化技术和营养科学知识,提供了一套完整的营养评估解决方案,帮助养老机构更好地管理和改善老年人的营养状况。

(2)营养评估模块功能介绍

1)档案管理模块

档案管理模块允许档案管理人员输入和编辑老年人的饮食健康档案。档案可以包括老年人的基本信息(如姓名、年龄、性别、身高、体重、活动量等)、饮食习惯、饮食偏好、每日食物摄入量等。

档案管理是一项非常重要的工作,需要认真对待,应建立完善的档案管理制度和操作流程,提高档案管理人员的素质,做好档案的备份和恢复等工作。

2)营养评估模块

营养评估模块提供营养评估算法,用于根据输入的老年人健康档案数据,计算和分析老年人的营养状况。这个算法可以综合考虑老年人的生理特征、饮食习惯和食物摄入量等因素,以确定其营养状况是否正常。

3)健康生成模块

健康生成模块可以生成个性化的健康管理建议,包括饮食调整方案、营养补充建议及其他生活方式建议等。

4)档案更新模块

档案更新模块能够自动更新老年人的饮食健康档案。例如,每次进行营养评估后,系统可以自动更新老年人的食物摄入量等信息,以便于持续监测其营养状况。

5)异常警报模块

如果营养评估结果显示老年人存在营养不足或过剩等异常情况,异常警报模块可以发出警报,通知工作人员采取相应的措施。

6)数据可视化模块

数据可视化模块提供数据可视化和报表功能,让工作人员可以直观地查看老年人的饮食健康档案、营养评估结果和健康管理建议等。

7)权限管理模块

权限管理模块允许管理员设置不同用户角色的权限,以确保只有合适的工作人员可以访问和编辑老年人的饮食健康档案。

8)数据安全模块

数据安全模块具备完善的数据安全保障功能,包括数据加密、备份和恢复等,以确保老年人的饮食健康档案信息安全可靠。

数据安全是个人信息安全的重要基础。建立完善的数据安全管理制度、严格控制数据访问权限、使用可靠的数据加密技术、防范内部和外部的安全威胁、做好数据备份和恢复工作以及加强员工的数据安全培训和教育等都是非常重要的。

通过这些模块，机构养老服务平台可以有效地收集老年人饮食健康档案，完成老年人营养评估，并为老年人提供个性化的健康管理建议。

(3)营养评估模块操作流程

以使用某机构养老服务平台营养评估模块完成老年人营养评估的操作为例，正确操作流程如下：

①输入账号、密码及验证码，单击登录，登录某机构养老服务平台(图3-12-1)。

图3-12-1　某机构养老服务平台账号登录

②进入营养评估模块，单击专项评估栏下的营养评估一览，进入营养评估一览(图3-12-2)。

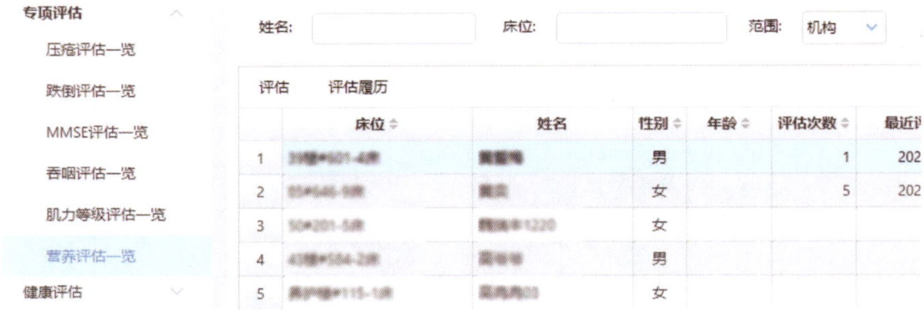

图3-12-2　营养评估一览

③选择需要进行评估的老年人，单击评估，进入营养评估操作界面。按要求依次填写评估基本信息(图3-12-3)、营养评估(图3-12-4)的所需内容。

图3-12-3　评估基本信息

图3-12-4　营养评估

④提交完毕后，即可查看老年人的营养评估结果(图3-12-5)。

图3-12-5　营养评估结果

⑤返回营养评估一览，选择已完成评估的老年人，进入营养评估履历一览(图3-12-6)，勾选老年人姓名后，单击评估结果确认书，即可查看老年人的营养评估结果确认书(图3-12-7)，至此已完成对老年人的营养评估。

图3-12-6　营养评估履历一览

基本情况					
姓名	[redacted]	年龄	74	性别	男
身高	165.0 cm	体重	70.0kg	BMI	25.7 kg/m²
联系电话					

初筛					
项目	得分	0分	1分	2分	3分
1.BMI/kg·m⁻²	0分	BMI＜19或BMI＞28	19≤BMI＜21或 26＜BMI≤28	21≤BMI＜23或 24＜BMI≤26	23≤BMI≤24
2.近三个月体重变化/kg	1分	减少或增加＞3	不知道	1≤减少≤3或 1≤增加≤3	0＜减少＜1或 0＜增加＜1
3.活动能力	0分	卧床	需要依赖工具活动	独立户外活动	—

图3-12-7　营养评估结果确认书

2.技能操作

以使用某机构养老服务平台营养评估模块完成张爷爷营养评估的操作为例，按照下列内容依次进行操作。

(1)操作准备

营养评估前的准备见表3-12-1。

表3-12-1　营养评估前的准备

类别	准备内容
硬件准备	一个电量充足且已联网的智能手机
软件准备	某机构养老服务平台及可用账号
材料准备	老年人的评估信息

(2)与老年人沟通

在完成准备内容后，需在正式操作前，与老年人进行沟通，沟通内容见表3-12-2。

表3-12-2　营养评估前的沟通内容

沟通项目	沟通内容
解释目的、介绍流程	向老年人解释营养评估的目的、介绍营养评估的流程，使其了解评估的重要性和具体操作步骤
个人信息采集	告知老年人需要采集个人信息，包括年龄、性别、身高、体重、饮食习惯等。同时，要确保个人信息的准确性和完整性
评估指标和数据采集	向老年人介绍评估指标和数据采集的方法和目的，如身体质量指数(BMI)、膳食蛋白质摄入量、血红蛋白浓度等
饮食计划调整	告知老年人营养评估后可能需要对其饮食计划进行调整，以改善其营养状况。了解老年人的饮食偏好和需求，以及身体状况和疾病史等，以便更好地制订饮食计划
隐私安全	确保老年人了解营养评估过程中涉及的隐私安全问题，并征求其同意，以便在后续的数据采集和分析中保护其隐私安全

(3)正式操作

在与老年人沟通完毕后,按表3-12-3中的操作内容依次进行操作,并将操作过程填写在表中。

表3-12-3 营养评估操作记录表

序号	操作内容	操作过程
1	登录某机构养老服务平台	
2	进入营养评估模块	
3	输入并提交评估信息	
4	查看营养评估结果	
5	查看营养评估结果确认书	

(4)结果记录

在完成正式操作流程后,需记录老年人的营养评估结果,并填写于表3-12-4中。

表3-12-4 营养评估结果记录表

类别	具体内容
初筛分数	
评估分数	
评估结果	

(二)食堂智能化饮食习惯信息采集

1.知识学习

(1)饮食习惯信息采集认知

食堂智能化饮食习惯信息采集是指在食堂就餐过程中,通过智能化手段采集关于老年人饮食习惯的数据。这些数据可以帮助食堂更好地了解老年人的口味和偏好,从而提供更加个性化的服务和改善菜品的种类和口味。

1)饮食习惯信息采集的方式

①智能化点餐系统:通过智能化点餐系统的记录,可以统计每个菜品的点餐数量、点餐人数、点餐时间等数据。

②智能化支付系统:通过智能化支付系统的记录,可以统计每笔交易的支付金额、支付方式、支付时间等数据。

③智能化监控系统:通过智能化监控系统的记录,可以观察老年人的用餐行为和习惯,例如用餐速度、剩余食物量等。

④调查问卷:通过调查问卷的方式,可以了解老年人对菜品种类、口味、质量等方面的意见和建议。

2)饮食习惯信息的应用价值

①菜品优化：根据老年人的口味和偏好，优化菜品的种类和口味，提高老年人的满意度。

②营养管理：通过分析老年人的饮食习惯，提供针对性的营养建议和干预措施，改善他们的营养状况。

③需求预测：根据历史数据预测老年人的需求，合理安排食材采购和烹饪计划，降低成本和提高效率。

④品质控制：通过监控系统的记录，及时发现菜品质量问题和老年人投诉，采取措施进行改进和解决。

3)饮食习惯信息采集设备

食堂可以使用的智能化饮食习惯信息采集设备包括：

①智能餐盘：可以记录老年人每餐所吃的食物及数量，通过无线传输方式发送到养老机构的信息系统中。

②智能冰箱：可以记录老年人每天购买的食物及数量，通过无线传输方式发送到养老机构的信息系统中。

③智能点餐机/购物车：可以自动记录老年人购买的食物及数量，并实时传输到养老机构的信息系统中。

④手机App或智能手表：可以用于采集老年人的饮食习惯信息，如饮食记录、身体状况等，并实时传输到养老机构的信息系统中。

食堂智能化饮食习惯信息采集设备主要是通过设备内置的传感器和无线通信技术来实现信息的采集和传输。

首先，这些设备内置了传感器，如重量传感器、条形码扫描器等，可以感知和识别老年人购买或食用的食物及数量。这些信息被记录下来后，通过无线通信技术（如Wi-Fi网络、蓝牙等）将数据传输到养老机构的信息系统中。

其次，这些设备通常与养老机构的信息系统进行集成，以便将收集到的数据与老年人的个人信息和其他健康数据进行关联和分析。通过与数据库中的参考数据进行比较，可以评估老年人的营养摄入情况，如蛋白质、碳水化合物、脂肪、维生素等营养素的摄入量。

最后，基于分析结果，养老机构可以制订个性化的饮食计划和健康管理方案，为老年人提供更全面的健康管理服务。同时，老年人也可以通过手机App或智能手表等移动设备实时了解自己的营养摄入情况和建议，从而更好地管理自己的饮食健康。

(2)饮食习惯信息采集操作流程

以使用智能点餐机采集老年人饮食习惯信息的操作为例，正确操作流程如下：

①检查智能点餐机（图3-12-8）是否可以正常运行，并已按厂家说明进行联网。

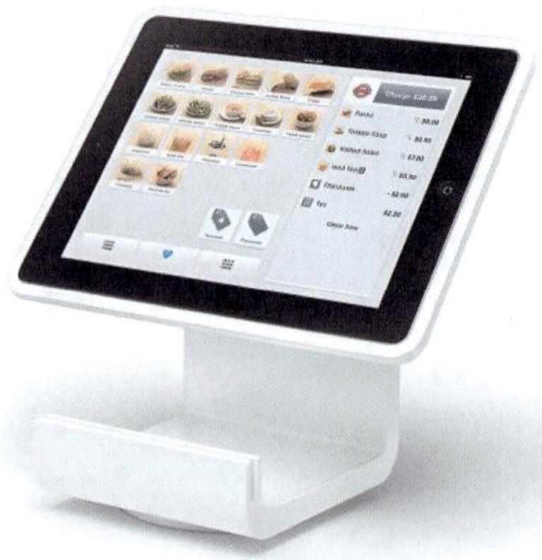

图 3-12-8　智能点餐机

②引导老年人在智能点餐机前进行人脸识别，确认身份后，协助老年人点餐。

③老年人用餐完毕后，在电脑端输入账号、密码及验证码，单击登录，登录某机构养老服务平台。

④单击个人数据管理栏，找到个人膳食管理，并在该栏目下单击膳食摄入记录，进入膳食摄入记录（图 3-12-9）。

图 3-12-9　膳食摄入记录

⑤在会员列找到老年人，单击操作栏中的查看，即可查看老年人的食物摄入记录（图 3-12-10），可将具体数据记录到记录表中。

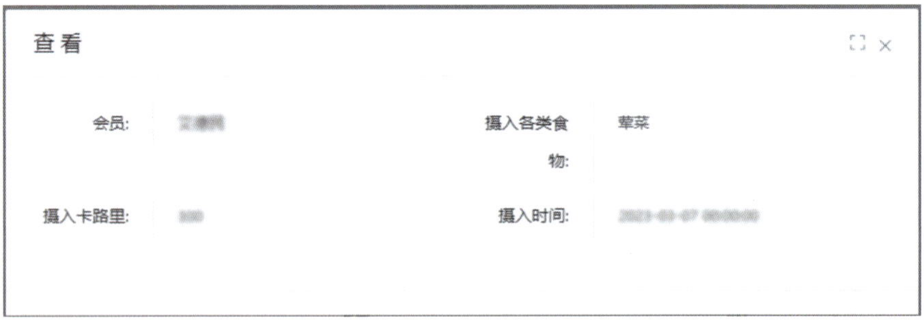

图 3-12-10　食物摄入记录

2.技能操作

以使用智能点餐机采集张爷爷饮食习惯信息的操作为例，按照下列内容依次进行操作。

(1)操作准备

采集饮食习惯信息前的准备见表3-12-5。

表3-12-5　采集饮食习惯信息前的准备

类别	准备内容
硬件准备	一台已联网的电脑，一台智能点餐机
软件准备	某机构养老服务平台及可用账号

(2)与老年人沟通

在完成准备内容后，需在正式操作前，与老年人进行沟通，沟通内容见表3-12-6。

表3-12-6　采集饮食习惯信息前的沟通内容

沟通项目	沟通内容
解释目的与意义	向老年人解释使用智能点餐机的目的是更好地了解其饮食情况，以便提供针对性的营养建议和干预措施
操作流程与步骤	向老年人说明操作流程和步骤，包括如何使用设备、如何进行人脸识别、如何选择菜品等
信息安全与隐私保护	向老年人保证所收集的饮食习惯信息将严格保密，不会泄露给无关人员，并解释如何保护其个人隐私
饮食需求与偏好	询问老年人是否有特殊的饮食需求或偏好，如控制热量摄入、避免某些食物或食材等，以便在操作过程中进行相应设置
操作注意事项	提醒老年人在操作过程中需要注意的事项，如避免在设备前长时间站立或移动，确保人脸识别时准确无误等

(3)正式操作

在与老年人沟通完毕后，按表3-12-7中的操作内容依次进行操作，并将操作过程填写在表中。

表3-12-7 采集饮食习惯信息操作记录表

序号	操作内容	操作过程
1	检查智能点餐机并联网	
2	引导老年人在智能点餐机上完成点餐	
3	登录某机构养老服务平台	
4	进入膳食摄入记录	
5	查看老年人的食物摄入记录	

(4)收集数据

在完成正式操作流程后,需记录查询到的数据,并填写于表3-12-8中。

表3-12-8 食物摄入记录表

类别	具体内容
姓名	
摄入食物种类	
摄入食物数量	
摄入时间	
摄入卡路里	

(三)科学配餐方案推送

1.知识学习

(1)科学配餐方案推送认知

科学配餐方案是指根据老年人的身体状况、营养需求和饮食习惯,制订的个性化配餐方案。该方案旨在提供科学、合理、营养的膳食搭配建议,满足老年人的营养需求,提高其生活质量。

1)制订科学配餐方案需要考虑的因素

①身体状况:根据老年人的健康状况、疾病情况、身体功能等,确定其营养需求和饮食限制。

②饮食习惯和口味:根据老年人的饮食习惯、口味和偏好制订配餐方案。

③营养学知识:根据营养学原理和老年人的营养需求,制定合理的膳食搭配。

④食材选择和处理:选择新鲜、优质的食材,根据老年人的咀嚼、吞咽能力,合理处理食材,确保食材易于消化和吸收。

⑤烹饪方法:采用适宜的烹饪方法,保持食物的营养价值和口感。

2)制订科学配餐方案的要求

制订科学配餐方案的目标是为老年人提供均衡、营养的饮食,促进其身体健康。具体来说,科学配餐方案应该满足以下要求:

①荤素搭配:保证食物的多样性,提供足够的蛋白质、脂肪、碳水化合物等营养素。

②控制食物温度:避免食物过热或过冷。

③细软易消化:针对老年人咀嚼、吞咽能力下降的情况,合理处理食材,使其易于消化吸收。

④控制盐、糖摄入量:控制调味品的用量,保持清淡口味。

3)科学配餐方案推送功能介绍

科学配餐方案推送功能主要是通过手机App或智能手表等移动设备,向用户实时推送个性化的饮食建议和配餐方案。

微课 手机端科学配餐方案推送功能介绍

①定制化推荐:基于老年人的个人信息、饮食习惯、健康状况等因素,手机App或智能手表可以定制个性化的饮食推荐方案。这些方案会综合考虑老年人的营养需求、食物过敏史、口味偏好等因素,以确保推荐的饮食方案适合老年人。

②实时更新:手机App或智能手表可以实时更新老年人的饮食记录和营养摄入情况。通过与数据库中的参考数据进行比较,可以动态调整和优化饮食推荐方案,以满足老年人不断变化的营养需求和口味偏好。

③营养分析:手机App或智能手表可以对老年人的饮食记录进行分析,评估其营养摄入情况。通过分析结果,老年人可以了解自己是否摄入了足够的蛋白质、碳水化合物、脂肪、维生素等营养素,从而更好地调整自己的饮食习惯。

④健康管理建议:手机App或智能手表可以根据老年人的饮食记录和健康状况提供相应的健康管理建议。这些建议可能包括饮食调整方案、运动建议或其他生活方式建议,以帮助老年人保持健康的生活方式。

⑤菜谱库:手机App或智能手表可以提供丰富的菜谱库,供老年人选择和参考。这些菜谱库涵盖了各种美食和菜系,老年人可以根据自己的口味偏好和营养需求选择适合自己的菜谱进行烹饪。

⑥饮食记录分享:老年人可以将自己的饮食记录和健康管理建议分享给家人或医生,以便他们更好地了解老年人的饮食情况和健康状况。这有助于促进医养结合,提高养老服务的质量和效率。

科学配餐方案推送功能为老年人提供个性化的饮食指导和管理方案。这有助于提高老年人的饮食质量和健康水平,同时也有助于养老机构更好地了解老年人的饮食情况和需求,从而提供更优质的养老服务。

(2)科学配餐方案推送操作流程

以使用某机构养老服务平台为老年人推送科学配餐方案的操作为例,正确操作流程如下:

①输入账号、密码及验证码,单击登录,登录某机构养老服务平台。

②单击餐饮数据管理栏下的套餐管理，进入套餐管理(图3-12-11)。

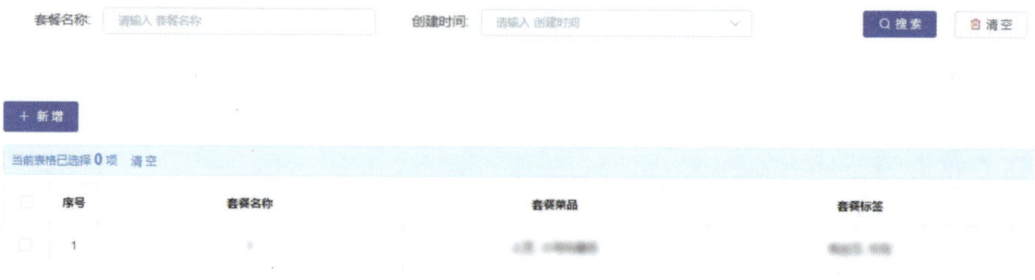

图3-12-11　套餐管理

③单击新增，进入套餐设置(图3-12-12)，结合老年人的具体情况，为老年人配制套餐。填写完毕后，单击保存。

图3-12-12　套餐设置

④单击餐饮数据管理栏下的个人膳食计划，进入个人膳食计划(图3-12-13)。

图3-12-13　个人膳食计划

⑤单击新增，进入个人膳食计划设置，选择老年人姓名后，可在膳食计划栏选择之前已为老年人配置的套餐，并结合老年人当日的情况，灵活选择套餐内含的菜品，输入计划摄入量，选择推荐后，单击保存，完成科学配餐推送(图3-12-14)。

图3-12-14　个人膳食计划设置

2.技能操作

以使用某机构养老服务平台为张爷爷推送科学配餐方案的操作为例,按照下列内容依次进行操作。

(1)操作准备

推送科学配餐方案前的准备见表3-12-9。

表3-12-9　推送科学配餐方案前的准备

类别	准备内容
硬件准备	一台已联网的电脑
软件准备	某机构养老服务平台及可用账号

(2)与老年人沟通

在完成准备内容后,需在正式操作前,与老年人进行沟通,沟通内容见表3-12-10。

表3-12-10　推送科学配餐方案前的沟通内容

沟通项目	沟通内容
确认需求	了解老年人的饮食需求和偏好,包括口味、食物过敏史、饮食习惯等
健康状况	了解老年人的健康状况,包括有无慢性疾病、营养状况、身体功能状况等
饮食限制	询问老年人是否有饮食限制,如素食、无糖、低盐等
营养目标	与老年人讨论其营养目标,如增加蛋白质摄入量、控制碳水化合物摄入量、保持健康的脂肪摄入量等
烹饪方式	了解老年人喜欢的烹饪方式

续表

沟通项目	沟通内容
食物分量	与老年人讨论每餐的食物分量，以确保能够获得足够的营养，同时不会过量摄入食物
饮食文化	尊重老年人的饮食文化和个人习惯，尽量避免在配餐方案中引入老年人不喜欢的食物或口味

(3)正式操作

在与老年人沟通完毕后，按表3-12-11中的操作内容依次进行操作，并将操作过程填写在表中。

表3-12-11 推送科学配餐方案操作记录表

序号	操作内容	操作过程
1	登录某机构养老服务平台	
2	进入套餐管理	
3	为老年人配置套餐	
4	进入个人膳食计划	
5	根据当日情况，选择套餐菜品	
6	推送科学配餐方案	

检查评估

照护人员根据表3-12-12中的检查项目进行自我检查，并将检查结果和自我点评记录在表中。

表3-12-12 老年人营养评估与科学配餐检查记录表(照护人员自查)

序号	检查项目	检查结果	自我点评
1	是否了解机构养老服务平台营养评估模块	是□ 否□	
2	是否掌握营养评估模块操作流程	是□ 否□	
3	是否掌握食堂智能化饮食习惯信息采集设备工作原理	是□ 否□	
4	是否掌握食堂智能化饮食习惯信息采集设备操作流程	是□ 否□	
5	是否了解科学配餐方案推送功能	是□ 否□	
6	是否掌握科学配餐方案推送操作流程	是□ 否□	

服务对象根据表 3-12-13 中的检查项目对照护人员的操作过程进行检查，并将检查结果和结果点评记录在表中。

表 3-12-13 老年人营养评估与科学配餐检查记录表（服务对象点评）

序号	检查项目	检查结果	结果点评
1	是否了解机构养老服务平台营养评估模块	是□ 否□	
2	是否掌握营养评估模块操作流程	是□ 否□	
3	是否掌握食堂智能化饮食习惯信息采集设备工作原理	是□ 否□	
4	是否掌握食堂智能化饮食习惯信息采集设备操作流程	是□ 否□	
5	是否了解科学配餐方案推送功能	是□ 否□	
6	是否掌握科学配餐方案推送操作流程	是□ 否□	

教师根据表 3-12-14 中的检查项目对照护人员的任务完成情况进行检查，并将检查结果和结果点评记录在表中。

表 3-12-14 老年人营养评估与科学配餐检查记录表（教师点评）

序号	检查项目	检查结果	结果点评
1	在操作中是否遇到了困难	是□ 否□	
2	是否能够使用机构养老服务平台收集老年人信息	是□ 否□	
3	是否能根据老年人的饮食习惯信息为老年人制订科学配餐方案	是□ 否□	
4	是否能够通过手机App向老年人推送科学配餐方案	是□ 否□	

任务小结

- 老年人营养评估与科学配餐
  - 老年人营养评估
    - 营养评估模块认知
    - 营养评估模块功能介绍
    - 营养评估模块操作流程
  - 食堂智能化饮食习惯信息采集
    - 饮食习惯信息采集认知
    - 饮食习惯信息采集操作流程
  - 科学配餐方案推送
    - 科学配餐方案推送认知
    - 科学配餐方案推送操作流程

教学资源

任务十三 平台运行与健康数据分析

任务导入

场景：某养老机构

人物：张爷爷、照护人员小李

情节：在某养老机构中，有一位患有糖尿病的张爷爷，照护人员小李需要定期对张爷爷进行血糖检测，采集张爷爷的血糖信息，并结合日常采集的血压、血氧等数据，分析张爷爷的糖尿病病情是否有发展情况，及时发现潜在的健康问题，如果你是小李，将如何通过机构养老服务平台与智能化终端设备，完成上述任务？

任务目标

- 能根据机构养老服务平台运行原理，结合智能化终端设备，采集老年人健康信息。
- 能根据机构养老服务平台采集的健康数据，完成老年人健康数据分析。

任务实施

（一）健康信息采集

1.知识学习

（1）机构养老服务平台运行原理

机构养老服务平台依托物联网技术、云计算技术、智能呼叫技术等信息技术手段，实现医护康养资源的整合，为老年人提供及时、便捷、高效、低成本的养老服务。

1）物联网技术

机构养老服务平台能够通过各种传感器和智能设备实时监测老年人

的身体状况和日常生活,如健康监测设备可以实时监测老年人的心率、血压等健康指标,智能床垫可以监测老年人的睡眠情况等。这些数据可以通过物联网平台进行收集、分析和处理,为老年人提供个性化的健康管理和养老服务。

2)云计算技术

机构养老服务平台可以通过云计算技术实现数据的高效管理和分析,包括老年人的健康状况、服务需求、生活习惯等数据,这些数据可以存储在云端,方便进行数据共享和分析。同时,云计算技术还可以提供高效的数据计算和处理能力,能够实现快速响应和智能处理。

3)智能呼叫技术

机构养老服务平台可以设置智能呼叫设备和服务,当老年人需要帮助时,可以通过智能呼叫设备进行呼叫,平台可以快速响应并安排相应的工作人员前往处理。同时,智能呼叫设备还可以对老年人的日常生活进行远程监控,如监控老年人的活动情况、饮食情况等,为老年人提供更加个性化的服务。

4)资源整合

机构养老服务平台可以与附近的医院、药店、餐厅等合作,为老年人提供便捷的就医、购药、餐饮等服务。同时,平台还可以与专业的护理团队、康复团队等合作,为老年人提供专业的护理和康复服务。

5)个性化服务

机构养老服务平台通过收集和分析老年人的健康状况、生活习惯、兴趣爱好等信息,为老年人提供个性化的服务。例如,对于喜欢音乐的老年人,平台可以为其推荐适合的音乐,提供音乐疗法和心理疏导等服务;对于需要康复的老年人,平台可以为其推荐专业的康复团队和设备,提供个性化的康复计划和服务。

(2)机构养老智能化终端设备

机构养老智能化终端设备是指运用智能化技术、物联网技术、大数据等现代科技手段,为老年人提供便捷、安全、舒适的生活服务的设备。

机构养老智能化终端设备主要包括智能穿戴设备、智能家居设备、智能健康监测设备等。

1)智能穿戴设备

智能穿戴设备包括智能手表、智能手环等,它们可以监测老年人的心率、血氧等生理指标,并将这些数据传输到手机或电脑上,方便老年人及其家人随时了解老年人的身体状况。同时,智能穿戴设备还可以设置警报功能,当老年人发生意外或异常情况时,设备会及时发出警报,提醒家人及时处理。

2)智能家居设备

智能家居设备包括智能照明、智能家电等,它们可以根据老年人的生活习惯和需求,自动调整照明亮度和颜色,让老年人的生活更加舒适。同时，智能家居设备还具备远程控制功能，方便老年人的生活。

3）智能健康监测设备

智能健康监测设备包括智能床垫、智能背心等，它们可以监测老年人的睡眠质量、睡眠时间、心率等，并可实时反馈给家人。同时，智能健康监测设备还可以设置电子围栏，当老年人离开设定的范围时，设备会自动发出警报。

这些智能化终端设备的应用，不仅可以帮助养老机构提供更高效、个性化的服务，同时也能提高老年人生活的舒适度和安全性。

（3）采集老年人健康信息操作流程

以使用智能血糖仪完成老年人血糖数据采集的操作为例，正确操作流程如下：

①检查智能血糖仪（图3-13-1）是否正常运行，确保设备电量充足，并已按厂家说明进行联网。

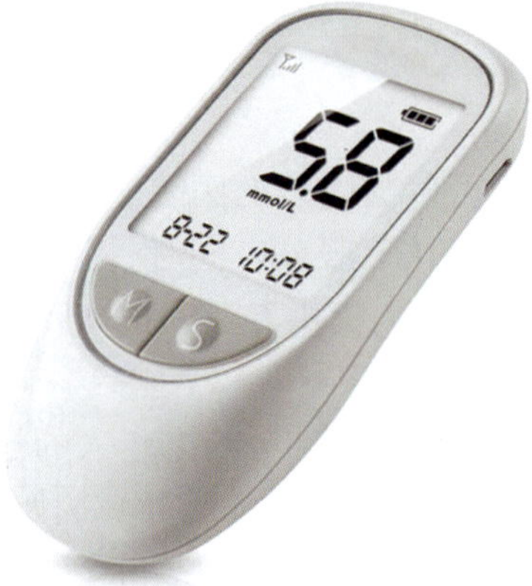

图3-13-1 智能血糖仪

②选择合适的采血部位（老年人的手臂或大腿），避免选择指尖、指腹等敏感部位。

③使用酒精棉片或消毒液对采血部位进行消毒，确保采血部位清洁。

④取出一张血糖试纸，将其正确安装到血糖仪中。

⑤轻轻按摩采血部位，使用采血针进行穿刺采血，将血液样本滴到血糖试纸上。

⑥使用止血钳或棉签轻轻压迫采血点，避免出血过多。同时提醒老年人在采血后保持采血部位清洁和干燥，避免感染。

⑦等待血糖仪自动测量血糖，通常需要几秒钟。测量完毕后，将测量时间、血糖值记录在记录本上。

2.技能操作

以使用智能血糖仪采集张爷爷血糖数据的操作为例，按照下列内容依次进行操作。

(1)操作准备

采集血糖数据前的准备见表3-13-1。

表3-13-1 采集血糖数据前的准备

类别	准备内容
照护人员准备	□电量充足且已联网的智能血糖仪 □血糖试纸与采血针 □酒精棉片或消毒液 □棉签 □笔和记录本

(2)与老年人沟通

在完成准备内容后,需在正式操作前,与老年人进行沟通,沟通内容见表3-13-2。

表3-13-2 采集血糖数据前的沟通内容

沟通项目	沟通内容
解释采集血糖数据的重要性	向老年人解释为什么需要采集血糖数据,以及这些数据对于他的健康状况和疾病管理的重要性
讨论测量频率和时间	与老年人讨论多久测量一次血糖,以及在什么时间进行测量。根据医生的建议和老年人的具体情况,制订测量计划
强调注意事项	向老年人强调在测量血糖前要保持采血部位清洁,避免剧烈运动或情绪激动
建立良好的沟通渠道	确保与老年人之间建立畅通的沟通渠道,以便在测量过程中遇到问题或需要调整测量计划时能够及时沟通
强调隐私保护	向老年人说明会保护隐私,并确保血糖数据的安全性与保密性

(3)正式操作

在与老年人沟通完毕后,按表3-13-3中的操作内容依次进行操作,并将操作过程填写在表中。

表3-13-3 采集血糖数据的操作流程表

序号	操作内容	操作过程
1	检查智能血糖仪并联网	
2	选择合适的采血部位	
3	对采血部位进行消毒	
4	安装血糖试纸	
5	使用采血针穿刺采血	
6	对采血部位进行止血	
7	记录测量时间、血糖值	

注意事项

在与老年人沟通时,需注意以下事项:

- ○采血时建议选择无痛采血针,可以减少采血时的疼痛感,提高老年人的舒适度。
- ○尊重老年人的生活习惯、宗教信仰,保护老年人的个人隐私。
- ○切实保护老年人的健康安全,如老年人患有阿尔茨海默病或躁狂症,要保护好老年人和自己的安全。
- ○恪守原则,对所收集的信息严加保密,不得外泄。

(二)健康数据管理

1.知识学习

(1)健康数据管理认知

1)健康数据统计分析

健康数据统计分析是指对个体的健康数据进行收集、整理、分析和解释,以评估其健康状况、预测疾病风险、定制个性化的健康管理方案等。

通过对老年人健康数据进行统计分析,可以发现老年人的健康规律和特点,了解生活习惯、遗传因素、环境因素等对其健康的影响,从而为预防、控制和治疗疾病提供科学依据。

此外,对老年人健康数据进行统计分析还可以帮助养老机构更好地了解老年人的需求和问题,优化服务内容和质量,提高养老服务的效果和满意度。

因此,老年人健康数据统计分析是实现智慧养老的重要手段之一,也是推动养老服务智能化、个性化、专业化的重要支撑。

2)健康数据分析维度

①基本情况:包括性别、年龄、身高、体重、BMI等基本身体指标,以及既往病史、家族史等信息。

②日常生活活动能力:如穿衣、进食、洗澡、行动等日常生活活动方面的能力评估,以及是否需要协助或依赖他人帮助。

③认知能力:评估记忆力、思维能力和判断力,以及是否存在认知障碍或阿尔茨海默病等。

④情绪和心理状态:评估情绪状态、心理状况和行为表现,以及是否存在焦虑、抑郁、孤独等不良情绪和心理问题。

⑤社交和娱乐活动:了解与他人交往情况、参与娱乐活动情况,以及是否存在社交障碍等。

⑥健康状况:评估整体健康状况,包括主要疾病诊断和治疗情况,以及是否需要长期服药或定期检查等。

⑦营养状况:评估膳食结构、营养摄入情况,以及是否存在营养不良或消化系统问题等。

⑧运动和锻炼情况:了解运动和锻炼习惯、频率和强度,以及是否存在运动障碍或安全隐患等。

⑨睡眠质量:评估睡眠时间、睡眠质量和睡眠习惯,以及是否存在失眠、打鼾等。

⑩健康风险评估:进行全面的健康风险评估,包括慢性病风险、心脑血管疾病风险、骨折风险等。

经过对这些维度的数据分析,养老机构可以更准确地了解老年人的健康状况和需求,为老年人提供更精准、个性化的健康管理和养老服务。

此外，这些数据还可以作为养老机构管理和决策的参考依据，以提升服务质量和效率。

(2)健康数据管理操作流程

以使用某机构养老服务平台健康管理模块导入老年人血糖数据的操作为例，正确操作流程如下：

①输入账号、密码及验证码，单击登录，登录某机构养老服务平台。

②进入健康管理模块，单击护理栏下的血糖测量，进入血糖测量(图3-13-2)。

图3-13-2　血糖测量

③单击新增，在新增血糖测量中，依次选择或填写姓名、测量人、测量日期/时间、时段、血糖值及备注，单击保存并录入下一条(图3-13-3)。

图3-13-3　新增血糖测量

2. 技能操作

以使用某机构养老服务平台健康管理模块导入张爷爷的血糖数据的操作为例，按照下列内容依次进行操作。

(1)操作准备

导入血糖数据前的准备见表3-13-4。

表3-13-4　导入血糖数据前的准备

类别	准备内容
硬件准备	一台已联网的电脑
软件准备	某机构养老服务平台及可用账号
材料准备	张爷爷的血糖数据

(2)正式操作

在完成准备内容后，按表3-13-5中的操作内容依次进行操作，并将操作过程填写在表中。

表3-13-5 导入血糖数据操作记录表

序号	操作内容	操作过程
1	登录某机构养老服务平台	
2	进入健康管理模块	
3	进入血糖测量	
4	进入新增血糖测量	
5	选择或填写姓名、测量人、测量日期/时间、时段、血糖值及备注，单击保存并录入下一条	

(三)健康数据分析

1.知识学习

微课 机构养老服务平台健康管理模块的功能

(1)健康管理模块功能

机构养老服务平台健康管理模块是养老机构用于对老年人的健康状况进行监测、评估、管理、预警和干预的信息化系统平台模块。

1)采集健康数据

系统预先定义健康数据采集指标项，指标项属性作为健康数据的评判标准，在获得健康数据时通过与指标项进行比对来判定采集对象的健康状况。

2)建立健康档案

在老年人登记时通过健康档案录入、健康数据自动采集等自动建立健康档案，包括个人信息、体检报告、健康数据信息、用药信息、转诊挂号信息、健康计划等。

3)健康评估

通过智能手环、智能体重秤等设备，对老年人的健康状况进行评估，及时发现问题。

4)健康建议

根据老年人的个人情况和健康状况，给出相应的健康建议，如调整饮食、运动建议等。

5)用药管理

对老年人的药物进行统一管理，如用药登记、用药提醒、用药计划等，对每次用药进行记录(包括用药后出现的不良反应等)，并推送给老年人家属和家庭医生。

6)远程医疗

远程医疗包括远程挂号、远程门诊、远程会诊、处方开药、药品配送等。

(2)健康管理模块意义

1)提高养老服务的质量和效率

通过健康管理模块，养老机构可以更加便捷地监测、评估和管理老年人的健康状况，及时发现和处理老年人的健康问题，提高服务的质量和效率。

2)促进个性化健康管理

健康管理模块可以根据老年人的个体差异，提供个性化的健康管理方案，满足不同老年人的需求，提高管理的效果。

3)降低医疗成本

通过健康管理模块的监测和预警功能，可以及时发现老年人的潜在疾病和慢性病风险，及早进行治疗和管理，降低医疗成本。

4)提升老年人满意度

健康管理模块可以提供便捷、高效、专业的健康管理服务，满足老年人的健康管理需求，提升其满意度和生活质量。

5)推动养老服务的智能化、个性化、专业化发展

健康管理模块是机构养老服务平台的重要组成部分，能够促进养老服务的智能化、个性化、专业化发展，为老年人提供更好的服务体验。

(3)健康数据分析操作流程

以使用某机构养老服务平台健康管理模块完成老年人的血糖数据分析的操作为例，正确操作流程如下：

①输入账号、密码及验证码，单击登录，登录某机构养老服务平台。

②进入健康管理模块，单击护理栏下的血糖测量，进入血糖测量。

③在姓名栏中搜索需要进行血糖数据分析的老年人姓名，单击查询，即可查看其血糖数据(图3-13-4)。

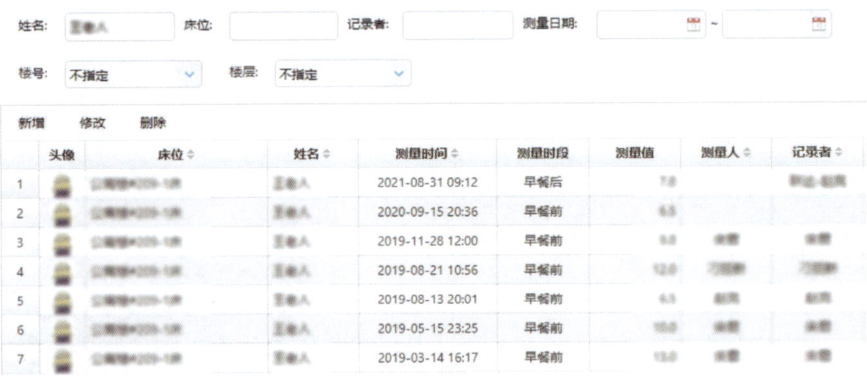

图3-13-4　血糖数据

④单击导出，即可将血糖数据导出至Excel表格，该表格下载完毕后，可通过表格查看所有数据(图3-13-5)。

床位	姓名	测量时间	测量时段	测量值
[redacted]	[redacted]	2021-08-31 09:12	早餐后	[redacted]
[redacted]	[redacted]	2020-09-15 20:36	早餐前	[redacted]
[redacted]	[redacted]	2019-11-28 12:00	早餐前	[redacted]
[redacted]	[redacted]	2019-08-21 10:56	早餐前	[redacted]
[redacted]	[redacted]	2019-08-13 20:01	早餐前	[redacted]
[redacted]	[redacted]	2019-05-15 23:25	早餐前	[redacted]
[redacted]	[redacted]	2019-03-14 16:17	早餐前	[redacted]

图3-13-5　导出血糖数据至Excel表格

⑤返回健康管理模块，单击医疗栏下的生命体征基准设置，进入生命体征基准设置(图3-13-6)后，可查看老年人各项生命体征指标的正常范围，将Excel表格内的数据与正常范围进行比对，并将比对结果与医生进行沟通，即完成对老年人的血糖数据分析操作。

生命体征: 不指定

新增　修改　删除

	生命体征	基准-低值	基准-高值	显示顺序	备注
1	体温	36.3 °C	37.2 °C	1	体温范围
2	脉率	60 次/min	100 次/min	11	脉率范围
3	呼吸频率	16 次/min	20 次/min	21	呼吸频率范围
4	血压-收缩压	90 mmHg	140 mmHg	31	血压收缩压范围
5	血压-舒张压	60 mmHg	90 mmHg	41	血压舒张压范围
6	餐前血糖	3.9 mmol/L	6.1 mmol/L	51	餐前血糖范围
7	餐后血糖	4.4 mmol/L	7.8 mmol/L	61	餐后血糖范围
8	骨密度	-1 T	1 T	71	骨密度范围

图3-13-6　生命体征基准设置

2.技能操作

以使用某机构养老服务平台健康管理模块完成张爷爷的血糖数据分析的操作为例，按照下列内容依次进行操作。

(1)操作准备

血糖数据分析前的准备见表3-13-6。

表3-13-6　血糖数据分析前的准备

类别	准备内容
硬件准备	一台已联网的电脑
软件准备	某机构养老服务平台及可用账号

(2)正式操作

在完成准备内容后，按表3-13-7中的操作内容依次进行操作，并将操作过程填写在表中。

表3-13-7　血糖数据分析操作记录表

序号	操作内容	操作过程
1	登录某机构养老服务平台	
2	进入健康管理模块	
3	进入血糖测量	
4	通过搜索查看张爷爷的血糖数据	
5	导出血糖数据至Excel表格	
6	进入生命体征基准设置，查看血糖正常范围	
7	将张爷爷的血糖数据与正常范围进行比对	

(3)与医生沟通

向医生提供张爷爷的血糖数据分析结果，与医生进行沟通，沟通内容见表3-13-8。

表3-13-8　与医生沟通血糖数据分析结果

沟通项目	沟通内容
介绍张爷爷的病情和病史	向医生介绍张爷爷的病情和病史，包括张爷爷的糖尿病类型、病程、用药情况、并发症等
解释血糖数据的采集方法	向医生解释使用智能血糖仪进行血糖数据采集的方法和操作步骤，以及如何保证数据的准确性和可靠性
提供血糖数据分析结果	向医生提供血糖数据分析结果，包括血糖平均值、最高值、最低值等指标，以及血糖数据的趋势图等
讨论治疗方案和护理计划	与医生共同讨论治疗方案和护理计划，根据血糖数据分析结果制订更有效的治疗方案和采取个性化的护理措施
确定监测频率和随访时间	与医生商讨监测血糖的频率，以及在什么时间进行随访和检查，以便及时调整治疗方案和护理计划

检查评估

照护人员根据表 3-13-9 中的检查项目进行自我检查，并将检查结果和自我点评记录在表中。

表 3-13-9　平台运行与健康数据分析检查记录表（照护人员自查）

序号	检查项目	检查结果	自我点评
1	是否掌握机构养老服务平台的运行原理	是□　否□	
2	是否了解智能化终端设备	是□　否□	
3	是否能够使用智能化终端设备采集老年人健康信息	是□　否□	
4	是否了解健康数据的分析维度	是□　否□	
5	是否了解机构养老服务平台健康管理模块的功能	是□　否□	
6	是否完成老年人健康数据分析	是□　否□	

服务对象根据表 3-13-10 中的检查项目对照护人员的操作过程进行检查，并将检查结果和结果点评记录在表中。

表 3-13-10　平台运行与健康数据分析检查记录表（服务对象点评）

序号	检查项目	检查结果	结果点评
1	是否掌握机构养老服务平台的运行原理	是□　否□	
2	是否了解智能化终端设备	是□　否□	
3	是否能够使用智能化终端设备采集老年人健康信息	是□　否□	
4	是否了解健康数据的分析维度	是□　否□	
5	是否了解机构养老服务平台健康管理模块的功能	是□　否□	
6	是否完成老年人健康数据分析	是□　否□	

教师根据表 3-13-11 中的检查项目对照护人员的任务完成情况进行检查，并将检查结果和结果点评记录在表中。

表 3-13-11 平台运行与健康数据分析检查记录表(教师点评)

序号	检查项目	检查结果	结果点评
1	是否对老年人健康管理有了新的认识	是□ 否□	
2	是否学会使用健康管理模块	是□ 否□	
3	是否了解老年人健康数据管理流程	是□ 否□	
4	是否能对老年人进行健康数据分析	是□ 否□	

任务小结

- 平台运行与健康数据分析
  - 健康信息采集
    - 机构养老服务平台运行原理
    - 机构养老智能化终端设备
    - 采集老年人健康信息操作流程
  - 健康数据管理
    - 健康数据管理认知
    - 健康数据管理操作流程
  - 健康数据分析
    - 健康管理模块功能
    - 健康管理模块意义
    - 健康数据分析操作流程

情境四
大数据养老综合应用

情境介绍

本情境包括老年人医养大数据共享与应用和数据平台管理与维护两项任务。

老年人医养大数据共享与应用任务涵盖了手机端对接健康体检机构功能介绍、平台端对接医疗机构功能介绍、养老精准化服务的概念等知识；数据平台管理与维护任务涵盖了数据平台模块构成及设置方法、数据平台故障处理流程、数据安全的概念等知识。

情境目标

- 能使用手机端对接健康体检机构，完成老年人健康体检信息共享。
- 能使用平台端对接医疗机构，完成老年人医疗信息共享。
- 能根据体检机构、医疗机构分享的医养大数据信息，指导养老精准化服务。
- 能根据软件开发工程师的指导，完成数据平台管理与维护。
- 能根据企业运行需要，完成数据安全管理。

任务十四　老年人医养大数据共享与应用

任务十五　数据平台管理与维护

教学资源

任务十四 老年人医养大数据共享与应用

任务导入

场景：某养老机构

人物：张爷爷、医护人员小李

情节：在某养老机构中，有一位张爷爷。张爷爷患有糖尿病、高血压等多种慢性疾病，为更好地对张爷爷进行精准化养老服务，需要对张爷爷进行健康体检并调整治疗方案，但这两项任务都无法在养老机构中完成。因此，养老机构的医护人员小李需要对接健康体检机构，以获得张爷爷的健康体检信息。此外，小李还需要对接医疗机构，将张爷爷的健康体检信息与日常养老机构采集的健康信息共享给医疗机构，以获得针对张爷爷健康情况的医疗建议。最后根据体检机构、医疗机构分享的医养大数据信息，指导对张爷爷的养老精准化服务。如果你是医护人员小李，如何通过手机端与平台端，完成上述三项任务？

任务目标

- 能使用手机端对接健康体检机构，完成老年人健康体检信息共享。
- 能使用平台端对接医疗机构，完成老年人医疗信息共享。
- 能根据体检机构、医疗机构分享的医养大数据信息，指导养老精准化服务。

任务实施

(一)手机端对接健康体检机构

1.知识学习

(1)手机端对接健康体检机构的功能介绍

手机端对接健康体检机构是指用户通过手机App或移动网站预约健康体检服务、查看体检报告、与医疗机构进行互动等。这种对接通常涉及App开发、健康数据交换和安全传输等方面的技术。

手机端对接健康体检机构的意义在于为用户提供更加便捷和个性化的健康服务。用户可以通过手机随时随地预约体检,避免长时间等待和繁琐的流程。同时,手机端对接也可以帮助医疗机构提高工作效率,降低运营成本,并促进用户与医疗机构之间的互动和沟通。

平台端对接健康体检机构功能介绍

1)健康数据管理

养老机构的手机App可以与健康体检机构的数据进行对接,以便于获取老年人的健康数据。健康数据包括身高、体重、血压等生理指标,以及血液检测、心电图等检查结果。

2)健康预警信息

当老年人的健康数据出现异常或达到预警值时,手机App可以接收来自健康体检机构的预警信息。预警信息可以帮助养老机构及时发现并处理老年人的健康问题,避免可能的健康风险。

微课 养老精准化服务

3)健康评估与干预随访

手机App还可以获取健康体检机构对老年人健康状况的评估结果,并根据评估结果对老年人进行相应的干预和治疗。同时,App还可以记录每次干预和随访的情况,以便后续的数据分析和处理。

4)体检记录与预约挂号

老年人可以在手机App上查看自己的体检记录,包括历次的体检结果、医生的建议等信息。此外,App还提供预约挂号功能,方便老年人进行后续的健康检查和就诊。

5)用户关怀

手机App提供用户关怀功能,如用药提醒、生日提醒、走访提醒等,以提高老年人的生活质量。

(2)手机端对接健康体检机构的操作方法

1)确认对接需求

养老机构和健康体检机构需要先明确对接的需求,包括要实现哪些功能、传输哪些数据、对接的频率等。

2)确认对接流程

双方需要确认对接的流程,包括如何进行身份验证、如何传输数据、如何处理异常情况等。

注意事项

○保证数据的安全性：在对接过程中，需要采取加密等安全措施，确保数据不被泄露或被非法使用。

○保证系统的稳定性：双方需要确保系统的稳定性，避免出现数据传输中断、系统故障等问题。

○保证用户隐私：在处理用户数据时，需要遵守相关法律法规，保护用户的隐私和数据安全。

○定期更新与维护：双方需要定期对系统进行更新和维护，以适应新的需求和技术变化。

注意事项

○医护人员需尽量简短地为老年人介绍体检流程，避免过多消耗老年人精力，体检时需要尊重老年人的生活习惯、宗教信仰及保护老年人的个人隐私。

3)开发与测试

养老机构的手机App需要根据对接需求和流程进行开发，并进行严格的测试，确保功能的正确性和稳定性。

4)调试与优化

在测试通过后，需要对系统进行调试和优化，以提高系统的性能和用户体验。

5)上线与维护

双方可以将系统正式上线，并进行日常维护和更新，以保证系统的稳定性和安全性。

2.技能操作

以通过手机端对接健康体检机构完成张爷爷的健康体检信息共享操作为例，按照下列内容依次进行操作。

(1)操作准备

共享健康体检信息前的准备见表4-14-1。

表4-14-1 共享健康体检信息前的准备

类别	准备内容
硬件准备	一个电量充足且已联网的智能手机
软件准备	机构养老手机端服务平台及可用账号

(2)与老年人沟通

在完成准备内容后，需在正式操作前，与张爷爷进行沟通，沟通内容见表4-14-2。

表4-14-2 共享健康体检信息前的沟通内容

沟通项目	沟通内容
目的和意义	向张爷爷解释使用手机端对接健康体检机构共享体检信息的目的、意义和重要性。让他明白共享体检信息有助于提高医疗服务的效率和质量，同时能够帮助他更好地管理自己的健康状况
体检流程	详细说明如何选择体检项目、预约体检时间、进行体检、查看体检报告、分享体检信息等步骤。确保张爷爷对整个流程有清晰的了解，并能够配合完成操作
信息保护和隐私政策	向张爷爷强调在共享和使用他的体检信息时，会严格遵守信息保护和隐私政策，确保他的个人信息和敏感数据的安全性和保密性。让他知道只有经过授权的人员才能访问他的体检信息，并且这些信息将仅用于医疗服务和健康管理

续表

沟通项目	沟通内容
风险和注意事项	告知张爷爷在共享和使用他的健康信息时可能存在的风险和注意事项，如数据泄露、错误录入等。让他明白需要注意保护自己的个人信息，避免泄露给未经授权的人员，并及时关注自己的健康状况变化

(3)正式操作

与张爷爷沟通后，按表4-14-3中的操作内容依次进行操作。

表4-14-3 共享健康体检信息操作记录表

序号	操作内容	操作记录
1	打开手机端健康体检机构功能菜单	
2	选择适合张爷爷的体检项目	
3	预约体检时间	
4	确认张爷爷的预约信息	
5	陪同张爷爷前往体检机构进行体检	
6	完成检查和各项测试	
7	在手机端健康体检机构功能菜单上查看详细的体检报告	

(二)平台端对接医疗机构

1.知识学习

(1)平台端对接医疗机构的功能介绍

1)医疗资源共享

养老机构平台端与医疗机构对接，可以共享医疗资源。养老机构可以获得来自医疗机构的远程医疗服务，包括远程诊疗、药品配送、医疗咨询等，从而提升养老机构的医疗服务水平。

2)健康管理

养老机构平台端可以与医疗机构合作，为老年人提供全面的健康管理服务，包括定期身体检查、健康档案建立、慢性病管理等，帮助老年人更好地管理自己的健康。在获取老年人的健康数据时，要做好数据隐私方面的保密工作，以防数据泄露。这不仅是一种技术要求，更是一种道德责任。在处理老年人的数据时，应当时刻牢记隐私权的重要性，确保老年人的个人信息和健康数据不被非法获取或滥用。

3)紧急救援

在遇到紧急状况时，养老机构平台端可以快速联系医疗机构，启动紧急救援程序。医疗机构可以提供远程指导，或者派出医护人员前往现场进行救援，确保老年人的生命安全。

注意事项

○在陪同张爷爷体检时，医护人员要切实保护老年人的健康安全，如老年人患有阿尔茨海默病或躁狂症，要保护好老年人和自己的安全。

4)绿色通道

对于需要特殊照顾的老年人,如高龄、残疾老年人等,养老机构平台端可以与医疗机构建立绿色通道。在需要时,老年人可以优先获得医疗机构的诊疗服务。

5)医疗培训与教育

养老机构通过平台端的对接可以获得医疗机构的培训和教育服务。医疗机构可以定期为养老机构的医护人员进行培训,提高他们的医疗知识和技能。

6)药品管理

养老机构平台端可以与医疗机构合作,实现药品的统一管理和配送。医疗机构可以根据老年人的病情和医嘱,为老年人提供定制的药品服务,确保老年人的用药安全和有效。药物管理是一项科学性很强的工作,需要以科学的态度来对待,要严格遵照药物管理规范来执行。

通过这样的对接,可以提升养老机构的医疗服务水平,满足老年人对高品质医疗服务的需求。同时,也有助于实现医养结合的目标,让老年人在养老机构中享受到更加全面和专业的医疗服务。

(2)平台端对接医疗机构的操作方法

通过平台端获得针对老年人健康情况的医疗建议操作流程

1)确认对接需求

养老机构和医疗机构需要先明确对接的需求,包括要实现哪些功能、传输哪些数据、对接的频率等。

2)确认对接流程

双方需要确认对接的流程,包括如何进行身份验证、如何传输数据、如何处理异常情况等。

3)开发与测试

养老机构平台端需要根据对接需求和流程进行开发,并进行严格的测试,确保功能的正确性和稳定性。

4)调试与优化

在测试通过后,需要对系统进行调试和优化,以提高系统的性能和用户体验。

5)上线与维护

双方将系统正式上线,并进行日常维护和更新,以保证系统的稳定性和安全性。

养老机构平台端对接医疗机构需要双方密切合作,明确需求和流程,并进行严格的开发、测试、调试和上线维护等工作,以确保功能的正确性和稳定性,提高服务质量和用户满意度。

2.技能操作

以通过养老机构平台端将已获得的张爷爷的健康体检信息与日常养老机构采集的信息共享给医疗机构,获得针对张爷爷健康情况的医疗建议操作为例，按照下列内容依次进行操作。

(1)操作准备

获取医疗建议前的准备见表4-14-4。

表4-14-4　获取医疗建议前的准备

类别	准备内容
硬件准备	一个电量充足且已联网的智能手机
软件准备	养老机构平台端及可用账号

(2)与老年人沟通

在完成准备内容后，需在正式操作前，与张爷爷进行沟通，沟通内容见表4-14-5。

表4-14-5　获取医疗建议前的沟通内容

沟通项目	沟通内容
目的和意义	向张爷爷解释通过养老机构平台端医疗信息功能共享健康信息的目的是向他提供更全面、更准确的医疗服务，同时，养老机构将与医疗机构保持沟通和合作，共同为他制订最佳的医疗方案
数据收集与使用	明确告诉张爷爷需要收集哪些健康信息，以及这些信息将如何被使用
信息保护和隐私政策	强调在整个过程中，将严格遵守相关的隐私保护规定和法律法规。确保张爷爷的个人信息安全和隐私受到保护，不会泄露给未经授权的第三方

(3)正式操作

在与张爷爷沟通完毕后，按表4-14-6中的操作内容依次进行操作。

表4-14-6　获取医疗建议操作记录表

序号	操作内容	操作记录
1	登录养老机构平台端	
2	打开医疗信息功能界面	
3	上传张爷爷的健康信息以及从健康体检机构获取的体检报告	
4	将信息共享给医疗机构	
5	设置访问权限级别	
6	在医疗信息功能界面查看医疗机构制订的个性化治疗方案	

（三）养老精准化服务

1.知识学习

（1）养老精准化服务的概念

养老精准化服务是指根据老年人的不同需求和状况，提供个性化、专业化的养老服务。通过对老年人的身体状况、心理需求、生活习惯、经济条件等多方面进行精准评估和分析，制订出针对性的养老服务方案，以满足老年人在生活、健康、精神等方面的需求。

具体来说，养老精准化服务包括以下几个方面：

1）健康管理

对老年人的身体状况进行全面评估，制订个性化的健康管理方案，包括定期检查、健康档案建立、慢性病管理等。

2）日常生活照料

根据老年人的身体状况和生活习惯，提供个性化的日常生活照料服务，包括饮食、穿衣、洗澡等。

3）医疗护理

提供专业的医疗护理服务，包括医疗咨询、远程诊疗、药品配送等。

4）精神慰藉

关注老年人的心理健康，提供精神慰藉服务，包括心理咨询、陪伴聊天等。

5）家庭关怀

为老年人提供家庭关怀服务，包括节日祝福、生日祝福、亲情沟通等。

养老精准化服务旨在为老年人提供更加全面、专业、个性化的养老服务，提高老年人的生活质量和社会福祉。

根据体检机构、医疗机构分享的医养大数据信息指导养老精准化服务

（2）基于医养大数据分析指导养老精准化服务

基于健康体检机构、医疗机构分享的医养大数据信息，指导养老精准化服务是指利用这些数据，对老年人的身体状况、健康需求、生活习惯等进行精准评估和分析，根据评估结果制订个性化的养老服务方案，以满足老年人在生活、健康、精神等方面的需求。

1）收集和分析数据

首先需要收集老年人的各种数据，包括身体状况、健康需求、生活习惯等，以及相关的医疗数据，再进行数据分析。

2）评估需求

根据收集的数据，对老年人的需求进行评估，包括日常生活、医疗护理、精神慰藉、家庭关怀等。

3）制订服务方案

根据需求评估结果，制订个性化的养老服务方案，包括日常生活照料、医疗护理、精神慰藉、家庭关怀等。

4）实施服务

根据服务方案，为老年人提供具体的服务，包括定期检查、健康档案

建立、慢性病管理、心理咨询等。

5)调整服务

根据老年人的反馈和实际需求,及时调整服务方案,确保服务的精准化和有效性。

6)监控和评估

对服务实施过程进行监控和评估,确保服务的质量和效果,同时及时发现和解决问题。

7)持续改进

根据监控和评估结果,对服务进行持续改进和优化,提高服务质量和效率。

2.技能操作

以根据体检机构、医疗机构分享的医养大数据信息,指导对张爷爷的养老精准化服务操作为例,按照下列内容依次进行操作。

(1)操作准备

养老精准化服务操作前的准备见表4-14-7。

表4-14-7　养老精准化服务操作前的准备

类别	准备内容
硬件准备	一个电量充足且已联网的智能手机
软件准备	养老机构平台端及可用账号

(2)与老年人沟通

在完成准备内容后,需在正式操作前,与张爷爷进行沟通,沟通内容见表4-14-8。

表4-14-8　养老精准化服务操作前的沟通内容

沟通项目	沟通内容
目的和意义	向张爷爷解释通过医养大数据信息进行健康评估和养老服务设计的目的是向他提供更精准、更个性化的服务,并确保他的健康得到有效管理
数据使用与保护	明确告诉张爷爷需要使用哪些医养大数据信息,以及这些信息将如何被使用。强调这些信息将仅用于健康评估和养老服务设计,并受到严格的隐私保护措施的保护。确保张爷爷理解数据的共享和使用是受到限制和监管的
服务内容与需求	与张爷爷讨论他所需要的养老服务内容和需求。了解他的日常生活习惯、健康状况、社交需求、心理状况等,以便为他提供个性化的精准服务

(3)正式操作

在与张爷爷沟通完毕后,按表4-14-9中的操作内容依次进行操作,并记录在表中。

注意事项

- ○保护隐私:在收集和使用老年人的数据时,需要保护老年人的隐私和个人信息。
- ○定期沟通和反馈:定期与老年人进行沟通,了解他们的需求和反馈,及时调整服务方案。
- ○团队合作:养老精准化服务需要养老机构内部各部门之间的团队合作,以及与外部医疗机构和其他相关机构的合作。
- ○持续学习和改进:随着技术和需求的变化,需要不断学习和改进服务方法和流程,以适应新的需求和提高服务质量。
- ○质量控制:对服务过程进行质量控制,确保服务的质量和效果符合预期和标准。

表4-14-9 养老精准化服务操作记录表

序号	操作内容	操作记录
1	登录养老机构平台端	
2	整合张爷爷的体检信息与医疗建议	
3	对张爷爷的健康状况进行评估	
4	分析张爷爷的养老服务需求	
5	设计针对张爷爷的养老精准化服务	
6	实施养老精准化服务计划	
7	对服务效果进行监测和评估	

(4)效果评估

在完成正式操作流程后,需对服务效果进行监测和评估,并填写于表表4-14-10中。

表4-14-10 养老精准化服务评估表

评估项目	评估结果
服务满意度	
需求覆盖率	
服务质量	
健康状况改善率	
生活质量提高率	

检查评估

医护人员根据表4-14-11中的检查项目进行自我检查,并将检查结果和自我点评记录在表中。

表4-14-11 老年人医养大数据共享与应用检查记录表(医护人员自查)

序号	检查项目	检查结果	自我点评
1	是否能使用手机端对接健康体检机构,共享老年人健康体检信息	是□ 否□	
2	是否能使用平台端对接医疗机构,共享老年人医疗信息	是□ 否□	
3	是否了解养老精准化服务	是□ 否□	
4	是否能根据体检机构、医疗机构分享的医养大数据信息,指导养老精准化服务	是□ 否□	

服务对象根据表 4-14-12 中的检查项目对医护人员的操作过程进行检查，并将检查结果和结果点评记录在表中。

表 4-14-12　老年人医养大数据共享与应用检查记录表（服务对象点评）

序号	检查项目	检查结果	结果点评
1	操作前沟通是否全面	是□　否□	
2	操作过程中是否礼貌得体	是□　否□	
3	操作步骤是否有所缺漏	是□　否□	
4	后台操作是否正确有效	是□　否□	
5	是否获得有效体检报告	是□　否□	
6	是否获得有效医疗建议	是□　否□	
7	是否完成各项数据的整合与分析	是□　否□	
8	是否提出有效养老精准化服务方案	是□　否□	

教师根据表 4-14-13 中的检查项目对医护人员的任务完成情况进行检查，并将检查结果和结果点评记录在表中。

表 4-14-13　老年人医养大数据共享与应用检查记录表（教师点评）

序号	检查项目	检查结果	结果点评
1	是否按时完成任务	是□　否□	
2	团队协作是否顺畅	是□　否□	
3	设备、用具及用品是否整理恢复	是□　否□	
4	工作页填写是否准确、完整	是□　否□	

任务小结

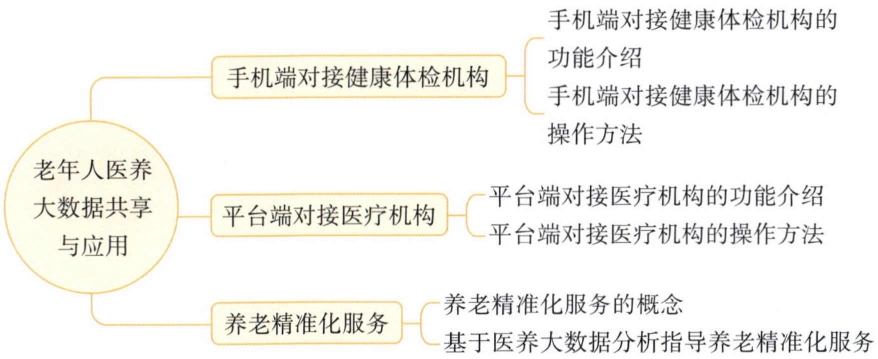

教学资源

任务十五 数据平台管理与维护

任务导入

场景：某养老机构

人物：运维人员小赵

情节：某养老机构根据发展需要，采购了一套机构养老服务平台系统以进行机构内部的智能化管理。运维人员小赵需要在已有平台的基础上根据软件开发工程师的指导，完成数据平台管理与维护以及数据安全的管理。如果你是运维人员小赵，你将如何完成上述任务？

任务目标

- 能根据软件开发工程师的指导，完成数据平台管理与维护。
- 能根据企业运行需要，完成数据安全管理。

任务实施

（一）数据平台模块

1.知识学习

（1）数据平台模块构成

在数字化浪潮中，数据平台已经逐渐成为企业前进的基石。它为企业提供了统一、高效且可靠的数据管理、分析和存储的解决方案，帮助企业在激烈的市场竞争中保持领先。数据平台主要由五个核心模块构成，它们分别是数据采集、数据处理、数据存储、数据分析和数据应用。

1）数据采集模块

数据采集模块作为数据平台的基石，负责从各种数据源中全面收集和整理数据。无论是企业内部系统、外部数据库，还是社交媒体、物联网设备等，数据采集模块都能通过各种数据采集工具和技术（如网络爬虫、API接口、ETL工具等）实现数据的灵活抽取、转换和加载。

2）数据处理模块

数据处理模块在数据平台中扮演着“加工厂”的角色。它负责对采集到的数据进行深度清洗、整合和加工，以便后续的数据分析和应用。数据处理模块的功能涵盖数据清洗、数据转换、数据聚合等，它能够消除数据中的噪声和异常值，将不同来源和格式的数据转换成统一的格式，并按照业务需求进行数据聚合和计算。

3）数据存储模块

数据存储模块承担着“仓库管理员”的角色。它负责将处理后的数据安全地存储在高性能的数据库中，以便后续的数据查询和分析。数据存储模块可以选择各种不同类型的数据库（如关系型数据库、非关系型数据库、分布式数据库等），根据业务需求和数据特点进行选择和配置。

4）数据分析模块

数据分析模块可谓是数据平台的“智慧大脑”。它负责对存储在数据库中的数据进行深入的分析和挖掘，以揭示数据的潜在价值和业务机会。数据分析模块引进了各种数据分析工具和技术（如统计学、机器学习、自然语言处理等），通过这些工具和技术，可以将数据转化为具有战略意义的洞察和决策依据。

5）数据应用模块

数据应用模块作为数据平台的“翻译官”，将分析后的数据以直观、易懂的可视化形式呈现给用户。它帮助用户更好地理解和应用数据，通过各种数据可视化工具和报表生成器（如表格、图表、仪表板等），可以将复杂的数据转化为易于理解的图形和文本形式。

（2）养老数据平台模块的设置方法

1）数据来源

首先需要明确养老数据平台所需的数据来源，包括但不限于养老院、医疗机构、政府机构等。

2）数据标准化

对于不同来源的数据，需要进行标准化处理，确保数据格式的一致性。

3）数据整合

将不同来源的数据整合到一个平台上，以便进行后续的数据分析和处理。

4）数据清洗

对于不完整、错误或重复的数据，需要进行数据清洗，以保证数据的准确性和可靠性。

5）数据存储

将清洗后的数据存储在数据库中，以便后续的数据查询和分析。

6）数据分析

利用适当的分析工具和方法，对存储的数据进行分析，提取有用的信息和知识。

7）数据可视化

将分析结果以图表、图形等形式呈现，以便更直观地展示数据和信息。

8）数据安全

确保数据的安全性和隐私保护，防止数据泄露和滥用。

为了确保数据平台的高效运行和可靠性，数据平台模块的设置方法至关重要。首先，需要明确每个模块的功能和职责，以及它们之间的交互流程。其次，需要选择合适的工具和技术来支持每个模块的实现和运行。最后，需要建立有效的监控和管理机制，及时发现和解决平台运行中的问题。

使用数据平台进行老年人数据管理工作

2.技能操作

以使用数据平台进行老年人数据管理操作为例，按照下列内容依次进行操作。

（1）操作准备

老年人数据管理前的准备见表4-15-1。

表4-15-1　老年人数据管理前的准备

类别	准备内容
硬件准备	一台已联网的电脑
软件准备	机构养老服务平台及可用账号
材料准备	老年人数据

（2）正式操作

在完成准备内容后，按表4-15-2中的操作内容依次进行操作并记录在表中。

表4-15-2　老年人数据管理操作记录表

序号	操作内容	操作记录
1	数据清洗	
2	数据标准化	
3	根据数据的性质，将数据进行分类并标记	
4	登录机构养老服务平台	
5	进入老年人管理模块界面	
6	可进行添加、导入、导出、更新、删除等操作	

注意事项

在处理老年人信息时，运维人员需恪守原则，对所收集的老年人信息严加保密，不得外泄。

(二)维护数据平台

1.知识学习

(1)数据平台故障处理流程

数据平台故障处理流程是确保数据平台稳定运行的"守护者"、及时处理各种故障和问题的"指南"。它是一套包含多个环节的规范化操作流程,从故障的发现,到诊断和修复,再到后期的跟进,它以其严密的逻辑和精确的推理,为数据平台保驾护航。

(2)维护方法

第一阶段为发现故障阶段,监控系统就如同敏锐的"侦察兵",无时无刻不在关注着数据平台的各项指标。一旦出现异常或故障,它会立即自动报警,将故障详细信息发送给在待命的相关人员,提醒他们迅速采取行动。

收到故障报警信息后,相关人员需要立即上报故障,并记录在报告中。报告内容包含故障发生时间、故障现象、影响范围等信息,可为后续的故障处理提供资料。

进入诊断阶段,技术团队通过查看日志文件、分析系统性能等手段,确定故障的性质和产生原因。

根据诊断结果,技术团队迅速进入修复阶段。修复完成后,需要进行测试以确保数据平台已经完全恢复正常。

最后是后期跟进阶段,这如同一个反馈机制,对故障处理过程进行总结和评估。不断优化数据平台的管理和维护流程,以防止类似故障再次发生。

总的来说,数据平台故障处理流程一环扣一环,严密而精确。它保障了数据平台的稳定性和可用性,使服务能够持续、顺畅地进行。

数据平台出现崩溃情况的应对方法

2.技能操作

以数据平台出现故障情况的应对操作为例,按照下列内容依次进行操作。

(1)操作准备

数据平台故障处理前的准备见表4-15-3。

表4-15-3 数据平台故障处理前的准备

类别	准备内容
硬件准备	一台已联网的电脑
软件准备	某机构养老服务平台及可用账号

(2)正式操作

在完成准备内容后,按表4-15-4中的操作内容依次进行操作,并将操作过程填写在表中。

表4-15-4 数据平台故障处理操作记录表

序号	操作内容	操作过程
1	检查网络连接	
2	尝试重启数据平台	
3	更新软件和补丁	
4	尝试恢复备份数据	
5	进入老年人管理模块	
6	可进行添加、导入、导出、更新、删除等操作	

(3)联系供应商

如果以上操作无法解决问题,建议联系供应商或技术支持团队,寻求更专业的帮助和支持,具体沟通内容见表4-15-5。

表4-15-5 数据平台故障处理的沟通内容

沟通项目	沟通内容
问题描述	清晰地描述数据平台故障的情况,包括故障的时间、涉及的范围等
影响评估	说明数据平台故障对业务或服务的影响,包括程度、范围和后果
紧急措施	询问供应商是否有紧急应对方案或临时解决方案,以最大限度地减少对业务或服务的影响
修复时间	询问供应商预计修复时间和具体工作流程
预防措施	了解供应商为防止类似情况再次发生所采取的预防措施,如增强系统的稳定性、改进备份和恢复策略等
跟进和反馈	在问题解决后,与供应商保持联系并提供反馈,对供应商的解决方案做出评价
备用计划	询问供应商是否有备用计划或替代方案,以防止数据平台故障对业务造成中断,如使用备用系统、快速恢复策略等

(三)维护数据平台数据安全

1.知识学习

(1)数据安全的概念

数据安全是指保护数据免受未经授权的访问、泄露、破坏、修改或者销毁,是国家安全、社会秩序、公民权益以及企业利益的重要保障。数据安全的概念涵盖了数据的保密性、完整性、可用性和可追溯性等多个方面,它不仅涉及技术、管理等多个层面,也与政策、法规等密切相关。在数字化时代,数据安全已经成为一个全球性的问题,既涉及个人隐私、商业机密等敏感信息,也关系到国家安全、社会稳定等重大问题。因此,保障数据安全已经成为当今社会的一项重要任务。

微课 维护平台数据安全

数据安全的概念可以进一步细分为以下几个方面:

1)数据的保密性

数据的保密性指保护数据不被未经授权的访问或泄露的特性。数据的保密性在许多领域中(如政府、金融、医疗等)至关重要,因为这些数据可能包含个人隐私、商业机密或国家机密等信息。

2)数据的完整性

数据的完整性指保护数据不被未经授权的修改、删除或破坏的特性。数据的完整性对于确保数据的准确性和可信度至关重要。在电子商务、电子投票等活动中,数据的完整性是保证公正和公平的关键。

3)数据的可用性

数据的可用性指在需要时能够访问和使用数据的特性。在许多应用场景(如在线购物、银行交易等)中,数据的可用性对于提供顺畅的用户体验至关重要。

4)数据的可追溯性

数据的可追溯性指能够追踪数据来源、使用情况和历史记录的特性。在数据治理、合规监管和调查取证等领域,可追溯性对于确保数据的合法性和合规性至关重要。

为了实现数据安全,需要采取多层次的安全措施,包括技术手段(如加密、访问控制、防火墙等)和管理手段(如数据分类、风险评估、监控与审计等)。此外,政策法规的制定与执行也对数据安全起到重要保障作用。在全球化背景下,数据安全问题日益复杂和严峻,因此需要各方共同努力,构建一个安全、可信的数字化世界。

(2)维护方法

平台数据安全是现代企业运营的重要环节之一,一旦数据泄露或被篡改,将会给企业带来巨大的经济损失和声誉损失。维护平台数据安全需要从以下几个方面入手:

1)建立健全的安全管理体系

企业应该建立一套完善的安全管理体系,包括安全策略、安全制度、安全流程等，明确各级人员的安全职责和义务。同时，应该定期进行安全培训和演练，提高员工的安全意识和技能。

2）确保物理环境安全

企业应严格保护平台数据中心的物理环境，安装门禁系统、监控系统、消防系统等，确保只有授权人员才能访问数据中心。

3）保障网络安全

平台数据中心的网络安全是数据安全的重要保障之一。企业应该建立完善的网络安全体系，包括防火墙、入侵检测系统、数据加密等，防止黑客入侵和数据泄露。

4）保障应用安全

平台应用安全是数据安全的重要环节之一。企业应该建立完善的应用安全体系，包括身份认证、权限管理、操作审计等，确保只有授权用户才能访问敏感数据。

5）做好数据备份和容灾备份

做好数据备份和容灾备份是保障数据安全的重要措施之一。企业应该建立完善的数据备份和容灾备份体系，确保数据不会因为硬件故障、病毒攻击等原因而丢失。

6）定期进行安全审计和检查

企业应该定期进行安全审计和检查，发现潜在的安全隐患和漏洞，及时进行处理和修复。同时，应该与专业的安全机构合作，接受专业的安全服务和指导。

维护数据平台数据安全操作

2.技能操作

以维护数据平台安全的操作为例，按照下列内容依次进行操作。

（1）操作准备

维护数据平台数据安全前的准备见表4-15-6。

表4-15-6 维护数据平台数据安全前的准备

类别	准备内容
硬件准备	一台已联网的电脑
软件准备	某数据平台及可用账号

（2）正式操作

在完成准备内容后，按表4-15-7中的操作内容依次进行操作，并将操作过程填写在表中。

表4-15-7 维护数据平台数据安全操作记录表

序号	操作内容	操作过程
1	确定数据平台的安全需求	
2	确保数据平台所在的物理环境安全	
3	安装和更新安全软件	
4	设置数据平台访问权限	
5	制定数据平台的安全策略和标准	

(3)制定安全策略和标准

制定数据平台的安全策略时，需考虑表4-15-8中的内容，并将结果填写于表中。

表4-15-8 安全策略表

类别	安全标准	安全策略
设置访问权限	确定数据平台的安全需求	
备份数据频率	确保数据平台所在的物理环境安全	
检查更新频率	安装和更新安全软件	

检查评估

运维人员根据表4-15-9中的检查项目进行自我检查，并将检查结果和自我点评记录在表中。

表4-15-9 数据平台管理与维护检查记录表(运维人员自查)

序号	检查项目	检查结果	自我点评
1	是否了解数据平台模块构成	是□ 否□	
2	是否了解数据平台模块设置方法	是□ 否□	
3	是否掌握数据平台模块的操作方法	是□ 否□	
4	是否了解数据平台模块的故障处理流程	是□ 否□	
5	是否学会简单的故障处理方法	是□ 否□	
6	是否了解数据安全的概念	是□ 否□	
7	是否了解数据平台模块的维护流程	是□ 否□	
8	是否学会数据平台的维护方法	是□ 否□	

同组同学根据表 4-15-10 中的检查项目对运维人员的操作过程进行检查，并将检查结果和结果点评记录在表中。

表 4-15-10 数据平台管理与维护检查记录表（同组同学点评）

序号	检查项目	检查结果	结果点评
1	数据管理操作步骤是否缺漏	是□ 否□	
2	是否有效完成数据管理操作	是□ 否□	
3	是否进行有效的数据备份	是□ 否□	
4	与供应商团队沟通是否全面	是□ 否□	
5	是否有效维护数据平台	是□ 否□	
6	是否设置有效的访问权限	是□ 否□	
7	是否有效设立网络安全防护	是□ 否□	

教师根据表 4-15-11 中的检查项目对运维人员的任务完成情况进行检查，并将检查结果和结果点评记录在表中。

表 4-15-11 数据平台管理与维护检查记录表（教师点评）

序号	检查项目	检查结果	结果点评
1	是否学会在平台上管理数据	是□ 否□	
2	是否学会维护数据平台	是□ 否□	
3	是否学会处理平台故障	是□ 否□	

任务小结

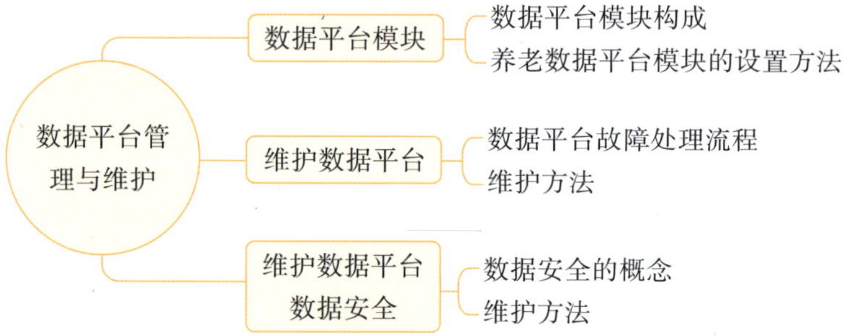